Immergrüne Gärten

schnell & einfach

> Autorin: Beate Taudte-Repp | Fotografen: Ursel Borstell, Marion Nickig und andere bekannte Gartenfotografen

Inhalt

Gartenpraxis
Das 5-Stufen-Erfolgsprogramm

>> schnell & einfach

2 Pflanzen

Wenn Sie wissen, wie Sie den Boden für Ihre Immergrünen vorbereiten und verbessern können, werden sich Ihre Pflanzen gut entwickeln.

1 Planen

Schauen Sie sich draußen um, beim Nachbarn, in Parks und Gärtnereien. Dort lernen Sie viele Pflanzen kennen, die das ganze Jahr über grün sind.

3 Gestalten

Mit Immergrünen schirmen Sie den Garten ab, geben ihm Struktur und umrahmen Beete oder Terrassen.

Gartenpraxis

Die Vielfalt der Immergrünen

Immergrüne verwandeln Ihren Garten in eine Oase, in der es nie langweilig und trist ist.
Im Fachhandel finden Sie eine Fülle von Arten und Sorten, die den ganzen Winter über attraktiv sind. Dazu gehören nicht nur Nadelbäume wie Tanne und Fichte. Unter den Laubgehölzen, Stauden und Gräsern gibt es gleichfalls viele, die niemals kahl werden. In Parks und botanischen Gärten können Sie zahlreiche Immergrüne kennen lernen, neben einheimischen Arten auch Pflanzen aus aller Welt sowie Sorten aus gärtnerischer Zucht.

Nadelgehölze

Nadelgehölze, auch Koniferen genannt, sind ungeheuer vielfältig. Das Spektrum reicht von kugeligen Zwergformen bis zu 30 m hohen Bäumen. Reizvoll sind die unterschiedlichen Strukturen, Farben und Formen von Nadeln, Borke und Zapfen.

➤ Zu den **Kieferngewächsen** zählen Tannen, Zedern, Fichten und Kiefern. Sie bieten die breiteste Auswahl an Wuchsformen und raffiniertem Nadelwerk.

➤ Zu den **Zypressengewächsen** gehören neben Lebensbäumen (*Thuja*) auch Scheinzypressen (*Chamaecyparis*) und Wacholder (*Juniperus*). Je nach Art oder Sorte eignen sie sich als »lebende Zäune« oder Solitäre, also einzeln stehende Blickpunkte.

> *Herrlichen Farbkontrast bietet die Mahonie mit Früchten und Herbstlaub.*

Thuja und Zypressen tragen schuppenförmige Nadeln.

➤ Zu den **Eibengewächsen** zählt die Gemeine Eibe (*Taxus baccata*) mit ihrer Schuppenborke und den weichen Nadeln. Sie lässt sich zu exakten Formen schneiden. Viele Sorten kommen als Solitär, Hecke oder Bodendecker gut zur Geltung.

Laubgehölze

Die Auswahl an frostharten immergrünen Laubgehölzen reicht vom robusten Buchsbaum und Liguster bis zu unzähligen Rhododendron-Varianten. Sie schmücken den Garten auch mit bunten Blüten und Früchten.

> *Hier duftet es nach Sommer: Blütenvielfalt im immergrünen Garten.*

➤ **Glänzendes Laub** tragen Kirschlorbeer (*Prunus laurocerasus*) und Mahonien (*Mahonia*). Stechpalmen (*Ilex*) haben gezähnte oder glatte Blätter. Gelb oder weiß gemustert ist das Laub zahlreicher Züchtungen von Efeu (*Hedera*) oder Spindelstrauch (*Euonymus*).

➤ **Blütenschmuck** garantiert nicht nur Rhododendron. Zitronengelbe Dolden bildet die Mahonie, üppig weiß sind sie beim Schneeball (*Viburnum rhytidophyllum*).

➤ **Bunte Früchte** tragen außer Zwergmispeln (*Cotoneaster salicifolius*) die immergrünen Berberitzen (*Berberis verruculosa*). Stechpalmen zeigen rote Fruchtkugeln. Die Beeren des Wärme liebenden Feuerdorns (*Pyracantha*) variieren je nach Art und Sorte zwischen Gelb und Rot. Efeu trägt blaue Beeren.

Gräser und Stauden

Unter den zahlreichen **Ziergräsern** finden sich auch Immergrüne, zum Beispiel Federgras (*Stipa gigantea*) und Schneemarbel (*Luzula nivea*). Besonders attraktiv ist der zu den Gräsern gehörende **Bambus**. Die vielgestaltige Pflanze gibt es in zahlreichen

➤ *Gut harmonieren Kirschlorbeer, Eibe und Dicknarbe miteinander.*

frostharten Arten und Sorten für jeden Zweck. Immergrün sind ferner einige **Stauden** und **Farne**. Purpurfarbene Blüten trägt die Bergenie (*Bergenia cordiflora*), blaue Kelche das zierliche Immergrün (*Vinca minor*). Die Elfenblume (*Epimedium* x *perralchicum*) besitzt herzförmige, hübsch gezeichnete Blätter. Und bis zu 2 m ragen die weißen Blütenrispen von Palmlilien (*Yucca filamentosa*) in die Höhe. ∎

Der richtige Platz für Immergrüne

Wenn Sie auf die Ansprüche der Pflanzen an Boden, Licht und Klima achten, werden die Immergrünen in Ihrem Garten gut gedeihen.
Egal, ob der Garten sonnig oder schattig ist, der Boden

> *Mediterranen Duft verbreitet der sonnenhungrige, frostharte Lavendel.*

feucht oder trocken, mager oder fett, ob eine steile Böschung zu bepflanzen oder eine hässliche Garage zu kaschieren ist: Immergrüne gibt es für fast alle Standorte und für jeden Zweck.

Bodenqualität
Robuste Immergrüne wachsen in nahezu allen Böden, einige aber sind Spezialisten wie Rhododendron oder Heidekraut, andere haben Vorlieben für bestimmte Böden.

➤ **Leichte Böden** sind meist nährstoffarm. Sie enthalten viel Sand und sind deshalb sehr wasserdurchlässig.

➤ **Lehmböden** besitzen in der Regel viele Nährstoffe, sind aber wenig durchlüftet; bei Regen bildet sich schnell Staunässe. Solche **schweren Böden** wärmen sich nur langsam auf. Bei Trockenheit werden sie hart und rissig.

➤ Leichte Böden lassen sich mit **Torf**, **Kompost** und **Mist** verbessern, schwere Böden mit **Sand, Kies** und **Gesteinsmehl**. Diese Prozedur ist jedoch regelmäßig zu wiederholen.

➤ Der **pH-Wert** gibt den Säuregehalt des Bodens an. Liegt der Messwert über 7, ist der Boden alkalisch (basisch), er enthält viel Kalk. Saure Böden haben Werte unter 6 auf der Skala der handelsüblichen pH-Mess-Sets.

Werte um pH 7 zeigen neutrale Böden an.

➤ Auch der pH-Wert lässt sich korrigieren: Kalk-Gaben erhöhen ihn, mischt man Torf oder Lauberde unter, sinkt der Wert (→ Seite 14/15).

Licht und Wärme
Ein Großteil der Immergrünen gedeiht sowohl in voller Sonne als auch im Halbschatten. Einige Immergrüne erweisen sich sogar als Universaltalente: Buchs (*Buxus sempervirens*), Efeu (*Hedera helix*), viele Bambusarten sowie Spindelstrauch (*Euonymus fortunei*) und Liguster (*Ligustrum vulgare*) vertragen Sonne ebenso wie Vollschatten.

➤ Wärme liebende Sonnenanbeter sind die Bergkiefer und viele verwandte Kiefern, die Douglasie, fast alle *Thuja*-Sorten sowie einige kleinwüchsige Wacholder und Eiben. Wilde Rhododendren wie die Echte Alpenrose brauchen **vollsonnige Plätze**, ebenso das zierliche Andenpolster (*Azorella trifurcata*), Salbei oder Lavendel.

> *Vinca major, die großblättrige Verwandte des zierlichen Immergrüns, blüht auch in der schattigsten Gartenecke.*

➤ Pflanzen, die keine pralle Mittagssonne vertragen, sind am besten im **Halbschatten** aufgehoben, wo sie nur stundenweise im direkten Sonnenlicht stehen. Dazu zählen die meisten Rhododendren, immergrünes Geißblatt (*Lonicera henryi*) und die Lorbeerrose (*Kalmia*).

➤ Stechpalme, Eibe, Kirschlorbeer und Dicknarbe (*Pachysandra terminalis*) wachsen auch im **Vollschatten**. Die robuste Mahonie (*Mahonia aquifolium*) oder wüchsiges Immergrün (*Vinca*) akzeptieren gleichfalls ohne Schaden ein Schattendasein.

➤ Volle **Wintersonne** ist für Immergrüne ein Problem, da sie über die Blätter zwar Wasser verdunsten, aber keinen Nachschub aus dem gefrorenen Boden bekommen.

Das richtige Klima

Auch hier zu Lande gibt es Regionen mit unterschiedlichem Klima, von milden Küstengegenden über kalte Mittelgebirge bis zu Großstädten, in denen die Temperaturen höher sind als im Umland. In der Rheinebene oder in Weinbaugebieten gedeihen mitunter sogar mediterrane Immergrüne wie der Erdbeerbaum (*Arbutus unedo*). Als **Mikroklima** bezeichnet man das Klima auf kleinstem Raum. Es kann innerhalb eines Gartens ganz verschieden sein. ∎

Shopping Evergreens

Der Kauf Immergrüner lohnt sich: Sie bereichern den Garten rund ums Jahr – sofern Sie nur gesunde Pflanzen auswählen.
Immergrüne Nadel- und Laubgehölze wachsen oft sehr langsam. Dafür haben Sie viele Jahre lang Freude an

> Mit ihren leuchtenden Blüten verführt die Mahonie schnell zum Kauf.

ihnen, und das zu jeder Saison. Pflanzen von guter Qualität und stattlichem Wuchs haben jedoch ihren Preis. Informieren Sie sich deshalb vor dem Kauf gut, um Fehlinvestitionen zu vermeiden.

Die Gartengröße
Denken Sie beim Kauf unbedingt an die Größe Ihres Gartens. Überlegen Sie, welchen Standort die gewünschten Immergrünen brauchen und wie hoch und breit sie werden. Dies gilt besonders für Koniferen, zumal in winzigen Vorgärten. »Riesen« haben dort bald keinen Platz mehr, beschatten das Haus und unterdrücken alle anderen Pflanzen – von den Klagen des Nachbarn über Äste oder fremde Wurzeln in seinem Reich ganz zu schweigen. Umgekehrt will niemand 1000 Quadratmeter allein mit Zwergmispeln oder Erika-Polstern bepflanzen. Eine ausgewogene Mischung aus Hecken, Solitären und Rabatten ermöglicht raffinierte optische Effekte (→ Seite 22/23).

➤ Auch bei Sorten einer Pflanzenart ist Vorsicht geboten, da ihr Größenwachstum mitunter sehr unterschiedlich ist. So wird die Gemeine Fichte *Picea abies* bis zu 50 m hoch, die daraus gezüchtete Sorte *Picea abies* 'Echiniformis' (Igelfichte) aber bleibt lebenslang ein Zwerg.

➤ Schauen Sie sich in Parks, auf Gartenschauen, in Baumschulen oder botanischen Gärten die verschiedensten Immergrünen an. Planen Sie anschließend, welche Pflanzen in Ihren Garten passen –

SPARTIPP

Kaufen oder selber ziehen
>> schnell und einfach

➤ Ziehen Sie Pflanzen selbst, aus Stecklingen. Das macht Spaß und spart Geld (→ Seite 32).

➤ Gerade bei teurem Buchs, aber auch anderen schnittverträglichen Gehölzen, mit denen Sie Topiary (→ Seite 30) erproben, rechnet sich die Selbstversorgung.

➤ Kaufen Sie als Anfänger möglichst kleine Pflanzen. Sie sind billiger und passen sich leichter an neue Standorte an. Mit zunehmender Erfahrung sinkt das Risiko, dass wertvolle oder stattliche Pflanzen eingehen.

am besten mit einer Grund-
riss-Skizze. Die erinnert Sie
an den verfügbaren Platz.

Der Fachhändler berät

Kaufen Sie Ihre Immergrünen
in Baumschulen und Gärtnereien. Dort erhalten Sie prä-
zise Auskünfte über die Be-
dürfnisse einzelner Pflanzen.
Namhafte Betriebe bieten
meist Kataloge an, die Sie zu
Hause studieren können.
➤ Kaufen Sie auch nicht zu
viele Arten auf einmal. Es ist
besser, nach und nach zu
pflanzen und Neuerwerbun-
gen erst einmal an ihrem
Standort zu begutachten.
Lücken lassen sich leicht mit
zierlichem Wacholder oder
Dicknarbe schließen.
➤ Wenn ein kleines Grund-
stück von Anfang an voll
gestopft ist, wird jede Gestal-
tungslust gebremst. Und neue
Immergrüne kaufen macht
immer wieder Spaß.
➤ Gerade für Anfänger ist
die Vielzahl von Sorten und
Namen innerhalb einer
Pflanzenart sehr verwirrend.
Lassen Sie sich nicht entmu-
tigen. Markt und Modetrends
schaffen ein ständig wech-
selndes Angebot an Stauden
sowie Nadel- und Laubgehölzen. Die Unterschiede betref-

Frisch aus der Gärtnerei: Der stattliche Wurzelballen sollte so rasch wie möglich in die Erde kommen.

fen oft nur Blütenfarbe und
Blattform. Mit ein wenig Erfahrung finden Sie sich jedoch
rasch im Dschungel der käuf-
lichen Flora zurecht.

Urlaubsmitbringsel

Für manche ist es sehr verlo-
ckend, pflanzliche Schätze aus
dem Ausland mitzubringen.
➤ Seien Sie vorsichtig – nicht
nur wegen der Gefahr, Krankheiten einzuschleppen. Viele
Pflanzen sind durch das Wa-
shingtoner Artenschutzüber-
einkommen (CITES) ge-
schützt und ihre Einfuhr ist
verboten. Sie riskieren bei
einer Zollkontrolle empfindliche Strafen.
➤ Aus anderen Erdteilen
sollten Sie nur Samen mit-
nehmen. Ihr Transport ist

relativ problemlos und sie
sind meist schädlingsfrei.
➤ Prüfen Sie Pflanzen auf
ausländischen Blumenmärk-
ten vor dem Kauf sorgfältig
auf Gesundheit. ■

11

Futterplätzchen im
Grünen

Amsel, Meise und Buchfink sind dankbare Gesellen – wenn man ihnen Nahrung und Unterschlupf gewährt. In naturnahen Gärten könnt ihr sie das ganze Jahr über erleben. Im Frühling hört ihr sie singen. Und wenn ihr gut beobachtet, seht ihr, wie sie Nester bauen und ihre Jungen großziehen. Dazu brauchen viele Vögel Insekten als Nahrung. Im Herbst und Winter aber picken viele die Beeren immergrüner Gehölze ab – wie die roten Fruchtkugeln der Stechpalme und der Berberitze oder die blauen Beeren der Mahonie. Manche Früchte sind giftig und für den Menschen gefährlich, für Vögel aber sind sie eine Leibspeise. Solche Pflanzen sollte es daher in jedem Garten geben. Amsel und Zaunkönig bauen ihre Nester in dichten, dornigen Hecken, Distelfinken und Mönchsgrasmücken lieben Nadelbäume. Schwalbe und Spatz fühlen sich wohl, wenn sie Mauer- oder Dachnischen zum Brüten finden. Mit Nistkästen, die ihr kaufen oder selbst bauen könnt, werden Meise und Star zu Dauergästen im Garten.

Erst im Winter und nur, wenn Schnee liegt und es richtig eisig wird, soll man Vögeln Futter anbieten: »Meisenknödel« zum Beispiel. Oder Körnerplätzchen, die ihr frisch zubereiten und wie Christbaumschmuck in die Bäume hängen könnt.

PRAXISINFO

Vogelfutter in Plätzchenformen

🕐 **Zeitbedarf:** etwa 40 Min.

Zutaten:
- ✗ Rindertalg (aus der Metzgerei)
- ✗ Körner für Wildvögel

Material:
- ✗ Ausstechförmchen
- ✗ Alufolie
- ✗ Schere
- ✗ Schnur

- ✗ Für die **Aufhänger** zieht ihr 30 cm lange Schnurstücke durch die Förmchen und knotet die Schlaufe fest zu.
- ✗ Erwärmt den **Rindertalg** langsam im Wasserbad, bis er weich ist. Vorsicht: Er ist sehr heiß.
- ✗ Schneidet die **Alufolie** in Stücke und stellt je ein Förmchen darauf. Drückt die Folie rundum fest an, damit der Talg nicht ausläuft.
- ✗ Füllt die Formen halb mit **Rindertalg**, streut die Körner hinein und übergießt sie mit Talg.
- ✗ Futterplätzchen aushärten lassen, Folie entfernen und in einen Baum hängen.

Akrobaten am Futterplatz

Blaumeisen picken besonders geschickt
die Körner aus euren Futterplätzchen –
manchmal sogar kopfunter.

Bunte Sänger

Buchfinken sind eifrige Gäste an jeder
Futterstation. Die schön gefärbten Männ-
chen sind für ihren schmetternden Gesang
berühmt. Die Weibchen tragen ein
schlichteres Kleid.

Frei zum Anflug

Euer schmackhafter Baum-
schmuck aus Körnerplätzchen
lockt in eisigen Winterzeiten
viele hungrige Vögel an.

Den Boden vorbereiten und pflanzen

Es ist gar nicht schwierig, die richtige Pflanztechnik zu lernen. Wenn Sie den Boden richtig vorbereiten, wachsen Ihre Immergrünen rasch an. Machen Sie zunächst eine Stell- und Sichtprobe mit Eibe, Buchs, Yucca & Co., bevor Sie ein Loch graben. Erst wenn Sie den Standort aus allen Richtungen Ihres Gartens für gut befinden, geht es ans Pflanzen.

Die richtige Pflanzzeit

Die beste Pflanzzeit für immergrüne Nadel- und Laubgehölze ist **Ende August,** **Anfang September**. So haben sie Zeit, vor dem Winter gut einzuwachsen. Winterharte Immergrüne leiden kaum unter Frost. Aber das Austrocknen der Wurzeln setzt ihnen zu. Deshalb muss man sie im Spätherbst noch einmal ausgiebig gießen (→ Seite 36/37).

➤ Verpflanzen Sie keine blühenden Immergrünen. Warten Sie, bis sie verwelkt sind.

➤ Wenn ein trockener »Altweibersommer« oder vorzeitig Frost angekündigt ist, verschieben Sie das Auspflanzen besser auf feuchtere und mildere Tage. In feucht-warmem Boden verwurzelt sich Ihre neue Pflanze schneller.

Immergrüne pflanzen

Wer ungeübt im Pflanzen ist, sollte Schritt für Schritt vorgehen. Große Nadelbäume, dornige Sträucher oder Pflanzen mit schweren Wurzelballen pflanzt man besser zu zweit.

➤ Das **Pflanzloch** sollte so tief sein wie der Ballen hoch und den doppelten Durchmesser des Ballens haben, damit sich die Wurzeln gut ausbreiten können. Zerkrümeln Sie verkrustete Erde.

1 Boden verbessern

Mischen Sie bei nassem, schwerem Boden etwas groben Sand in den Aushub und in die Erde am Grund des Pflanzlochs.

2 Wurzelfilz lockern

Lockern Sie den dichten Wurzelfilz vorsichtig mit der Hand. Kürzen Sie sperrige und abgestorbene Wurzelenden mit der Schere ein.

3 Pflanze einsetzen

Pflanzen Sie große Bäume oder Sträucher am besten zu zweit. Wenn der Setzling gerade steht, füllen Sie die Erde ein und drücken sie fest.

> In gutem Boden und richtig gepflanzt entwickeln sich die Pflanzen prächtig.

➤ Bäume brauchen meist einen **Stützpfahl**. Schlagen Sie ihn vor dem Einpflanzen mindestens 60 cm tief in den Boden.

Den Boden verbessern

➤ Ist der Boden zu durchlässig, hilft eine Lage Lehm, damit Gieß- und Regenwasser nicht gleich abfließen.
➤ Zu nasse Böden drainieren Sie mit einer Lage Kies, Splitt oder grobem Sand. Auch in der Füllerde sorgen etwas Kies oder Sand für Durchlüftung und Wasserdurchlässigkeit.
➤ Mischen Sie magere Erde für Ihre nährstoffliebenden Immergrünen mit Kompost, Walderde oder Torf.

➤ Gehen Sie mit verrottetem Mist sparsam um. Ein Zuviel »verbrennt« die Wurzeln.
➤ Für Kalk liebende Pflanzen reichert man saure Böden mit Kalk an, um den pH-Wert zu erhöhen. Arbeiten Sie dazu im Spätherbst eine Hand voll Kalkmehl pro Quadratmeter in den Boden ein.
➤ Für Lorbeerrose oder Rhododendron, die saure Böden bevorzugen, lässt sich ein hoher pH-Wert senken, indem man Torf, Lauberde oder Ersatzstoffe in die Erde mischt.
➤ Achten Sie darauf, dass die Pflanze nicht tiefer oder höher als bisher in der Erde steckt: Am Stamm erkennen Sie den bisherigen Rand.
➤ Immergrüne werden heute meist als Containerpflanzen angeboten. Haben Sie Pflanzen gekauft, deren Wurzeln von einem Ballentuch geschützt sind, müssen Sie dieses aufknoten, bevor das Pflanzloch zugeschüttet wird, sonst schnürt es den Stamm ein.

Richtig wässern

Geben Sie kein Wasser ins Pflanzloch Häufig besteht der Erdballen aus Torfmull und löst sich im »Wasserbad« auf, noch bevor die Pflanze

steht. Erst wenn sie stabil in der Grube verankert ist, gibt man nach und nach weitere Erde zu und drückt die Oberfläche vorsichtig fest. Wässern Sie ausgiebig und halten Sie die Pflanzen auch in den folgenden Wochen feucht. Bäume und Sträucher erhalten rings um den Stamm eine 5 cm dicke Mulchschicht, zum Beispiel aus geschredderter Rinde. Sie schützt die Wurzeln vor dem Austrocknen. ■

Den Garten strukturieren

Bäume, Sträucher und Hecken gestalten einen Garten. Denken Sie schon beim Pflanzen an das künftige Ensemble.

Mit Hecken begrenzen Sie Ihren Garten und unterteilen ihn, schaffen Beete für Blumen, Kräuter und Gemüse. Hecken sollten daher zuerst angelegt werden, denn hierbei ist auch die meiste Erde umzugraben. Gerade mit Immergrünen lassen sich frühzeitig Strukturen schaffen, in denen auch Solitäre gut zur Geltung kommen.

Eine Hecke pflanzen

Ob niedrig, brust- oder himmelhoch: Jede Hecke – zumal aus dauerhaften Immergrünen – braucht ein »Fundament«. Heben Sie einen Graben aus, anstatt viele einzelne Löcher zu schaufeln.

➤ Stecken Sie den **Verlauf** des Grabens vor dem Ausheben genau ab, um sich bei der folgenden Arbeit mit Spaten und Schaufel orientieren zu können. Dies gilt besonders für strenge Schnitthecken, egal ob sie geradlinig, wellen- oder kreisförmig sind. Auch bei frei wachsenden Naturhecken empfiehlt sich das Abstecken des Verlaufs.

➤ Ziehen Sie mit einer Schnur die gewünschte gerade oder wellige Linie und fixieren Sie diese in regelmäßigen Abständen an Stäben, die in den Boden geschlagen werden.

➤ Berücksichtigen Sie den nötigen Abstand Ihrer später ausgewachsenen Hecke zum Nachbargrundstück. In einzelnen Bundesländern gibt es hierfür genaue Vorschriften.

➤ Heben Sie das Erdreich aus. **Tiefe** und **Breite** des Grabens sind abhängig von der Größe der Pflanzen. Wie klein auch immer die Setzlinge sind – der Graben sollte mindestens 30 cm tief und 45 cm breit sein, damit das Erdreich ausreichend ge-

Der Anfang ist gemacht: Eine Einfassung aus Buchsbaum gibt dem neuen Beet Struktur.

> *Gewundene Pfade wecken die Neugier. Hecken aus Buchs und Liguster lassen sich auch in Schlangenlinien pflanzen.*

Kreis und Zirkel

Beliebt und hübsch ist das Rondell. Einen Kreis in die Erde zu zaubern ist leicht: Schlagen Sie einen Stab in die Mitte des künftigen Rundbeets und befestigen Sie eine Schnur daran. Mit einem zweiten Stab am Ende der Schnur markieren Sie das Rondell bzw. den Halb- oder Viertelkreis im Boden.

lockert wird und die Neulinge gut einwachsen können. Für größere Heckenpflanzen erfahren Sie in Baumschulen die nötigen Maße.

➤ Lockern Sie den Boden und dichten Sie ihn notfalls ab oder ziehen Sie eine Drainage ein (→ Seite 15).

➤ Markieren Sie im leeren Graben die **Abstände** zwischen den Pflanzen mit hellem Sand oder mit Stäben. Richtlinie ist das erwartete Breitenwachstum. Strenge Formschnitthecken müssen Sie dichter setzen, »wildere« Naturhecken dürfen mehr Abstand haben.

➤ **Setzen** Sie die Pflanzen an den Markierungen ein und häufeln Sie Erde auf die Wurzeln, bis diese stabil stehen.

➤ Schaufeln Sie die restliche Erde in die Grube und drücken Sie sie rund um die Setzlinge vorsichtig an.

➤ Rechen Sie die Oberfläche glatt und legen Sie einen Gießrand an. Wässern Sie die Pflanzen und halten Sie sie in der ersten Saison gut feucht.

Sperren und Stützen

Die meisten Bambusarten brauchen **Rhizomsperren** gegen die ungezügelte Ausbreitung ihrer Rhizome. Im Fachhandel gibt es dafür spezielle Folien, mit denen man die senkrechten Wände des Pflanzlochs auskleidet. Nach unten bleibt die Pflanzgrube offen.

Windanfällige Bäume brauchen unbedingt **Stützpfähle**. Man rammt sie vor dem Einpflanzen fest in den Boden und bindet den Stamm mit einer Achter-Schlinge an.

90°-Winkel anlegen

✗ Markieren Sie auf einer 12 m langen Schnur mit Klebeband jeweils vom Anfang an ein 3 m langes und ein 8 m langes Stück.

✗ Schlagen Sie den 1. Stab dort in den Boden, wo der rechte Winkel entstehen soll. Knoten Sie an diesem Stab Anfang und Ende der Schnur fest, so dass sie eine große Schlinge bildet.

✗ An der 3-m-Markierung schlagen Sie einen 2. Stab ein und legen die Schlinge darum

✗ Ziehen Sie die Schlinge straff zu einer Dreiecksform.

✗ Wenn Sie den 3. Stab an der 8-m-Marke in den Boden schlagen, bildet das Dreieck am 1. Stab einen 90°-Winkel.

Immergrüne
Kübelpflanzen

Manchen Immergrünen ist es einfach zu kalt bei uns. Dennoch können Sie deren mediterranes Flair genießen, zum Beispiel in Terrakottakübeln auf der Terrasse. Der Oleander machte vor Jahrzehnten den Anfang als Kübelpflanze, die im Haus überwintert. Und mit Palme oder Myrte, Rosmarin, Lorbeer oder Zitrusbäumchen schaffen Sie im Sommer Urlaubsatmosphäre: auf dem Balkon, im kleinen Hinterhof, am Eingang Ihres Hauses und natürlich mitten im Garten.

Sogar im geeigneten Winterquartier bleiben viele Kübelpflanzen noch grün. Ob im Blumentopf, in einem alten Holzfass oder in bunten Gefäßen vom Flohmarkt: Akzente setzen Sie mit einer Hanf- oder Dattelpalme an jedem Ort. Ein Olivenbäumchen dagegen, raffiniert in einer Nische platziert, verleiht ihr fast antiken Charakter. Dezenter ist der cremeweiße Flor der – auch gegen Autoabgase gefeiten – Klebsame (*Pittosporum*) mit ihrem glänzenden Blattwerk. Lor-

beer, vielleicht klassisch als Kronenbäumchen gezogen, versorgt die Küche mit aromatischen Blättern. Rosmarin bildet im zeitigen Frühjahr die ersten himmelblauen Blüten. Auch bei Kübelpflanzen lassen sich alle Immergrünen mit Laub abwerfenden Arten kombinieren: von einer sonnenhungrigen Bougainvillea bis zum blau blühenden Bleiwurz (*Plumbago*), von der rustikalen Schönmalve (*Abutilon*) bis hin zur Tibouchina mit ihrem monatelangen purpurnen Flor.

Auch im Kasten lassen sich verschiedene Immergrüne nach jedem Geschmack arrangieren. Hier sind es Wacholder, Zwergfichte, Zwergmispel, Bartfaden, Gundermann u. a.

Zu eleganten Kronenbäumchen lässt sich Lorbeer trimmen. Im Duo eine Haus- oder Terrassentür flankierend, verleiht er jedem Ort südliches Flair.

Attraktiv und nützlich ist der Rosmarin. Er liefert ein aromatisches Kraut für die Küche eines jeden Hobbygärtners.

Der Garten als Bühne

Betrachten Sie Ihren Garten als ein Bühnenbild, das Sie selbst gestalten. Sie sind dabei Akteur – und Zuschauer mit Logenplatz.

Nicht nur neue »leere« Gärten provozieren manchmal Ratlosigkeit, auch alte, die man verändern will. Welche Pflanze passt wohin? Machen Sie eine Skizze und komponieren Sie einen Garten nach Ihren Vorlieben und Ihrem Geschmack. Gerade Immergrüne eignen sich hervorragend als Kulisse, zumal als Hecke. Mit ihnen begrenzen Sie Ihr Refugium. Und mitten im Garten schaffen Hecken Ordnung: Sie unterteilen das Gelände, bilden Sichtachsen und Symmetrien, fassen Wege ein – und verstecken hässliche Schuppen oder Kompostbehälter.

Grüne Kulisse

Dicht in Reihe gepflanzte hohe Koniferen wie die schnellwüchsige *Thuja occidentalis* bilden als Grenzhecke einen Sicht-, Wind- und Lärmschutz zugleich. Für schattige Grenzlinien eignen sich auch säulenförmige Eibensorten wie *Taxus baccata* 'Fastigiata'. Wem Eiben zu düster sind, der pflanzt eine Fichtenhecke, etwa aus schnittverträglichen Sorten von *Picea abies*, die Sonne und Schatten gleichermaßen toleriert.

➤ Wer seinen Garten nicht völlig abschirmen will, setzt hüfthohe Hecken, etwa aus zierlich belaubtem Liguster oder großblättrigem Kirschlorbeer.

➤ Eine Alternative zu pflegeintensiven Schnitthecken sind frei wachsende Gehölze wie Rhododendron oder Wacholder, die nach und nach zur Hecke verwachsen.

➤ Mischen Sie blühende, Laub abwerfende Arten unter Ihre Immergrünen-Hecke,

Ein einladender »Logenplatz«, von Buchshecken flankiert.

wie den anspruchslosen Fingerstrauch *(Potentilla fruticosa)* oder die Rosenspiere *(Spiraea x arguta)*.

➤ Stachlige Berberitzen, Feuerdorn, gezähnte Mahonien und Stechpalmen halten unerwünschte Besucher fern.

➤ Asiatisches Flair verleiht ein »Vorhang« aus Bambus mit seinem filigranem Laub: Goldgelb leuchtet es bei *Phyllostachys aureosulcata.*

Den Garten unterteilen

Wie eine Naturbühne lässt sich Ihr grünes Reich mit Immergrünen in verschiedene Schauplätze unterteilen – in Nutz- und Zierflächen, robuste Spielwiesen für Kinder und gemütliche Sitzecken für laue Sommernächte. Meister seines Fachs ist dabei der Buchsbaum. Seine zahlreichen Sorten für jeden Zweck erinnern einerseits an die berühmten Gärten des Barock, andererseits an üppige Bauerngärten.

➤ Verschieden hohe raumteilende Hecken machen einen Garten spannender: Sie wecken die Neugier, was es denn hinter dem sattgrünen Kirschlorbeer-Wall oder der in Wellenform beschnittenen Ligusterhecke zu sehen gibt.

Bühne frei: Knöterich vor streng geformter Eiben-Kulisse.

➤ In Schnitthecken lassen sich raffinierte Torbögen oder Fenster schneiden.

➤ Gewundene Pfade und Treppen wirken gleich romantischer, wenn sie etwa mit gelbgrün belaubter Zwergspindel, duftendem Lavendel oder lila Erika eingefasst sind.

➤ Mit zierlichem Efeu-Laub und immergrünem Geißblatt überrankt, wird jede Terrasse oder Pergola zum Refugium.

➤ Buchs schafft als Einfassung Ordnung im Kräutergarten oder Gemüsebeet. ■

Blickpunkte: Auftritt der Solisten

Verleihen Sie Ihrem Garten eine besondere Note: Mit raffinierten »Solisten« lassen sich ganz persönliche Akzente setzen.

Für Abwechslung und Überraschung auf jeder grünen Bühne sorgen einzelne dekorative Gehölze oder witzige Pflanzenfiguren. Auch in Rabatten und auf grünen »Inseln« lassen sich Blickpunkte arrangieren, die Ihrem Garten ein besonderes Flair verleihen.

Solitäre Gehölze

Viele Bäume kommen in ihrer natürlichen Wuchsform am schönsten zur Geltung. Das muss nicht in der Mitte der Rasenfläche sein, was meist steril und langweilig wirkt.

➤ Die goldgelbe Stechpalme *Ilex aquifolium* 'Aureomarginata' leuchtet in der Abendsonne besonders attraktiv.

➤ Raumgreifend wird im Alter die winterharte Japanische Schirmtanne *(Sciadopitys verticillata)* mit ihren langen glänzenden Nadeln.

➤ Ein besonders malerischer Solitär ist die schattenverträgliche Kanadische Hemlocktanne *(Tsuga canadensis)* mit überhängenden Ästen und unterseits silbrigen Nadeln.

➤ Die immergrüne *Magnolia grandiflora* ist ein herrlicher Blickfang. Sie braucht milde Lagen, um ihre großen weißen Blüten zu bilden.

➤ Zederngeruch hat etwas Betörendes. Wenn Sie eine stets feuchte Gartenecke be-

> *Ob als Kegel oder Kugel: Immergrüne »Zwerge« flankieren den Eingang.*

sitzen, steht die Weihrauchzeder *(Calocedrus decurrens)* als Duftspender am rechten Platz.

➤ Eine Atlas-Blauzeder *(Cedrus atlantica)* dagegen fühlt sich auf Kalkboden in voller Sonne und auch bei Trockenheit wohl.

Insel und Rondell

Setzen Sie Ihre Lieblingspflanzen an eine Stelle, die vom Logenplatz Ihrer Terrasse oder vom Fenster aus wie eine Insel im Meer wirkt. Oder dort, wo Sie häufig vorbei kommen.

➤ Ein Rondell mit glänzend belaubtem Rhododendron gedeiht in einer halbschattigen Randlage am besten.

> *»Hauptdarsteller« aus raffiniert geschnittenen immergrünen Solitären.*

➤ Als Star auf einer »Insel« im Garten lässt sich der immergrüne Duftschneeball *Viburnum burkwoodii* sogar in der schattigsten Ecke feiern. Bei feuchtem Boden verträgt er genauso gut volle Sonne.

➤ Präsentieren Sie Ihre Kübelpflanzen am rechten Ort: Ausladende Palmen oder kugelige Lorbeerbäumchen beiderseits der Haustür sind ein »Welcome« für Gäste und Sie selbst.

Pflanzenskulpturen

Zu Figuren geschnittene Pflanzen sind immer eine Attraktion, die Sie sogar selbst gestalten können (→ Seite 30).

➤ Platzieren Sie aus Buchs, Liguster oder Eibe geschnittene Pflanzenskulpturen an prominenter oder versteckter Stelle. Ob Halbkugel, Pyramide oder Spirale: Sie brauchen ein ruhiges Umfeld, um nicht in einem kunterbunten Durcheinander unterzugehen.

➤ Auch mit Efeu und anderen Kletterpflanzen überrankte Portale, Figuren, Lampenpfosten oder Kugeln bilden überraschende Blickpunkte.

➤ Arrangieren Sie runde Flusskiesel um eine ausladende, bizarre Palmlilie wie die frostharte *Yucca flaccida*.

Ein Platz zum Meditieren: eine Insel aus filigranem Bambus im Kies.

➤ Weiß leuchtender Kalkschotter vor einem Wacholderbusch wie dem blaugrauen *Juniperus sabina* ‘Blue Moon’ erinnert an die Herkunft der Pflanze und bildet einen schönen Kontrast.

➤ Grüner Bambus, inmitten kantiger schwarzer Basalt-Stelen gepflanzt, wird zur meditativen Insel im Garten. Das hauchdünne Laub, das bei jedem Lüftchen leise raschelt, ist bei *Sasa veitchii* zartweiß gerändert. ◼

PRAXISINFO

Immergrüne Kinder-Oase

✗ Gerade bei Kindern geht mal ein Ball daneben. Pflanzen Sie deshalb robusten Buchs oder Zwergkiefern rund um die Spielwiese.

✗ Ein Bambushain bietet ein schönes Versteck.

✗ Da viele Immergrüne giftig sind (→ Seite 50, 51), sollten Sie riskante Pflanzen nicht am Sandkasten pflanzen.

✗ Verführerische giftige Beeren sind ein guter Anlass zur Aufklärung: Nicht alles im Garten darf in den Mund wandern.

Bodendecker und Kletterer

> Eine unschätzbare Rolle spielen jene Pflanzen, die Oberflächen dicht begrünen – sei es am Boden oder an einer Mauer.

Um größere Flächen pflegeleicht zu gestalten, gibt es die

> Er klettert in vielen Grüntönen auch die höchsten Wände empor: der Efeu.

so genannten Bodendecker – eine Alternative zum meist sehr pflegeintensiven Rasen. Das Gegenstück kriechender Gewächse sind die Kletterpflanzen: die Senkrechtstarter in Ihrer grünen Oase.

Den Boden begrünen

Mit Bodendeckern schützen Sie das Erdreich dauerhaft vor Verschlammung und Austrocknung. Besonders hilfreich ist das an Böschungen. Als robuster Unterwuchs unter Bäumen eignen sich Pflanzenteppiche im Vorgarten ebenso wie rund um die Terrasse. Zudem hat fast jeder Garten heikle Stellen, die ein grünes Polster kaschiert.

➤ Einen **sonnigen, warmen Standort** bevorzugen kleinwüchsige Koniferen, etwa zierlich kriechender Wacholder wie der blau schimmernde *Juniperus horizontalis* 'Glauca' und *J. communis* 'Repanda'. Gleiche Bedingungen mögen Kisseneibe *Taxus baccata* 'Repandens' und Kriechkiefer *Pinus pumilo*.

➤ Das Flair eines **Heidegartens** verbreiten Zwergsträucher wie Schneeheide (*Erica*-Sorten) und Besenheide (*Calluna-vulgaris*-Sorten).

➤ **Asiatisch** mutet bodendeckender Bambus *(Pleioblastus pygmaeus)* an.

➤ Weiß-grün gemustertes Laub hat die flachwüchsige

Zwergspindel (*Euonymus fortunei* 'Gracilis').

➤ Bis zu 30 cm hoch und schier unbegrenzt in die Breite wächst die Schleifenblume *Iberis sempervirens* mit glänzenden Blättern.

➤ Für **karge Böden** und Trockenmauern gibt es Hunger- und Durstkünstler wie immer- oder wintergrüne Arten von Fetthenne *(Sedum)* und Hauswurz *(Sempervivum)*. Sie überwuchern sogar Beton und Steine.

➤ Auf **schattigen, kühlen Flächen** kriecht nicht nur der vielgestaltige Efeu. Auch das unverwüstliche Immergrün *(Vinca minor)* zeigt hier seine leuchtend blauen Blüten. Rasch breitet sich die Elfenblume (*Epimedium*-Arten) aus, die im April gelb, rot oder weiß zu blühen beginnt.

➤ **Vollschatten** vertragen flachwüchsige Nadelgehölze wie Tamariskenwacholder, eine Sorte von *Juniperus sabina*. Die Dicknarbe *(Pachysandra)* ist ein Klassiker unter den Bodendeckern. Im Schatten gedeihen zudem alle Sorten des immergrünen

> *Die Dicknarbe breitet auch im Schatten ausladender alter Bäume einen dichten Pflanzenteppich aus.*

Spindelstrauchs (*Euonymus fortunei*) mit ihrem variabel gefärbten Laub. Die Schneebeere *(Gaultheria procumbens)* breitet sich auf sauren und feuchten Böden im Schatten wie in der Sonne aus.

Grüne Kletterer

Wegen der winterlichen Kälte fühlen sich hier zu Lande nur wenige immergrüne Kletterpflanzen wohl. Doch es gibt ein enormes Angebot an Efeusorten. Ohne Rankhilfe überwuchern sie Fassaden, Portale, Säulen, Pergolen und Schuppen. Nur eine der zahllosen Züchtungen von *Hedera helix* sei hier genannt: die schnellwüchsige und großblättrige Sorte 'Hibernica'.

Wem Efeu trotzdem zu eintönig ist, der kann durch Kombination mit anderen Rankern einen Blätter- und Blütenvorhang arrangieren.
➤ An geschützten Ecken windet das immergrüne Geißblatt (*Lonicera henryi*) eine dauerhafte grüne Hülle um Rankhilfen.
➤ Lassen Sie einjährige Kletterpflanzen wie Duftwicken, Prunkwinde, Kapuzinerkresse, Schönranke oder Kletterrosen keck in Ihre Immergrünen hineinranken.
➤ Ziehen Sie eine sommergrüne *Clematis*-Hybride wie 'Jackmanii' mit lila Blütentellern in einer dunklen Tanne oder Eibe – der Farbkontrast ist bezaubernd. ■

Der Verkleidungskünstler

Junges Efeulaub ist meist drei- bis fünffach gelappt, im Alter bildet Efeu blauschwarze Früchte und Büschel aus ganzrandigen, eiförmigen Blättern.

✗ **Efeu-Laub** ist je nach Sorte, Alter und Standort:
   – herz- oder eiförmig
   – drei- bis fünflappig
   – fingerartig gespreizt
   – glatt oder gekräuselt
   – matt oder hoch glänzend

✗ **Die Farbpalette** reicht von Cremeweiß, Gelbtönen und Hellgrün über allerlei weiße Marmorierungen bis hin zu dunkelstem Grün.

✗ Verhindern Sie, dass Efeu ins **Dach** wächst: Er lockert die Dachpfannen.

Harmonie und Kontrast

> Um das Gartenjahr abwechslungsreich zu gestalten, können Sie Immergrüne hervorragend mit allen sommergrünen Pflanzen kombinieren.

Mit Laub abwerfenden Gehölzen oder Stauden, deren oberirdische Teile im Herbst absterben, bringen Sie Spannung und »Action« auf Ihre immergrüne Bühne. Zwiebel-pflanzen und Sommerblumen setzen Farbakzente in Ihrem Garten.

➤ **Rosen** und Immergrüne sind geniale Partner. Ein Klassiker ist das mit Buchs oder Liguster eingefasste Rosenbeet. Besonders gut wirken Strauchrosen vor einer immergrünen Kulisse. Auch mit solitären Nadelgehölzen, etwa der säulenförmigen Eibe *Taxus* x *media*, harmonieren Rosen gut.

➤ Die **Trompetenblume** (*Campsis radicans*) mit ihren roten Blütenröhren bildet an einer warmen Mauer einen raffinierten Kontrast zur Terrassenumrandung aus Wacholder oder Stechpalme.

➤ Für Liebhaber von **Düften** mischt die Sommersonne den betörenden Duft von Levkojen (*Matthiola*) mit dem harzigen Geruch von Kiefern. Im Frühjahr duftet der blütenreiche Blauregen (*Wisteria sinensis*) angenehm süß – vielleicht im Wettstreit mit dem herben Aroma von Buchs oder Zypressen.

➤ **Zwiebelblumen** oder **Stauden** lassen sich in Rabat-

> *Raffinierte Effekte zaubert im Winter der Raureif auf die Blätter der Waldsegge.*

ten oder in Steingärten mit immergrünen Gehölzen zu bunte Kombinationen arrangieren, seien es Krokus, Scilla und Wildtulpen im Frühjahr, später Iris, Mohn, Rittersporn oder Lupinen und im Herbst Eisenhut, Goldrute sowie Bergastern.

➤ **Mahonienbüsche** mit winterlicher Bronzefärbung harmonieren gut mit saftig grünen Bergenien oder Schleifenblumen.

Reizvoll in jeder Saison

Auch viele Immergrüne bieten bei geschickter Auswahl zu jeder Jahreszeit besonderen Schmuck durch Blüten, Beeren und winterliche Fär-

> *Die Beeren des Lederschneeballs sind auch für Vögel attraktiv.*

bung ihres Laubs. Folgende Arten sorgen spät im Herbst, in tristen Wintermonaten oder lange vor Frühjahrsbeginn für Farbe:

➤ Späte oder frühe Blüte: Noch im Herbst tragen einige **Lavendelsorten** ihre lila Ähren, die beim Zerreiben sommerliches Aroma freigeben. *Mahonia aquifolium* zeigt in milden Lagen von Februar an ihre duftenden zitronengelben Ähren.

➤ In sauren Böden blühen **Heidekraut** (*Erica*-Arten und -Sorten) vom Sommer bis zum Frost. *Erica carnea* setzt im Spätwinter ihren Flor an.

➤ Einige **Schneeball-Sorten** (*Viburnum*) bilden schon im Spätherbst ihren Blütenansatz. Mit nelkenartigem Duft macht **Seidelbast** (*Daphne cneorum*) bei noch kalten Temperaturen auf seine Blüten aufmerksam.

➤ Auch bei **Rhododendron** gibt es zeitige Farbwunder: Ist der Februar mild, blüht die Sorte 'Praecox'.

➤ Die dicken blauschwarzen Beeren eines alten **Efeus** reifen während des Winters. Schon von Februar an bieten sie Vögeln eine willkommene Nahrung in dieser kargen Jahreszeit.

➤ *Effektvoller Farbkontrast: ein Rhododendron inmitten eines Spindelstrauchs.*

➤ **Zwergmispeln** wie der immergrüne *Cotoneaster lacteus* behalten ihre roten Fruchtkugeln bis weit in den Winter. Ebenfalls rot sind die Beeren immergrüner **Ölweiden** (*Elaeagnus pungens*). Blau bereift sind die Steinfrüchte der **Mahonien**. Der in warmen Lagen gedeihende **Feuerdorn** entwickelt die Mehrzahl seiner roten, gelben oder orangefarbenen Früchte überhaupt erst in der kalten Jahreszeit. ■

CHECKLISTE

Sommer- und Immergrüne kombinieren

✔ Achten Sie darauf, dass die Pflanzennachbarn gleiche Ansprüche an Boden, Licht und Klima haben.

✔ Setzen Sie die Begleitpflanzen in 0,5–1 m Abstand: Dann können Sie gezielter wässern, düngen oder beschneiden.

✔ Lassen Sie wüchsige Stauden nicht zu dicht an Gehölze heranwachsen. Notfalls ausdünnen oder teilen.

✔ Pflanzen Sie als zierliche Begleiter größerer Gehölze immer mehrere Exemplare einer Art.

Hecken gut in Form

Schnitthecken brauchen etwas Pflege und vor allem den Einsatz der Heckenschere. Einige Hilfsmittel und Regeln erleichtern die Arbeit. Die wichtigste Voraussetzung für eine dichte Hecke ohne hässliche Löcher ist der regelmäßige Schnitt. Wenn sie

> Eine streng geformte Schnitthecke, apart gewellt.

nicht von Anfang an richtig »erzogen« wird, wird sie alsbald von unten kahl.

➤ Für **streng geformte Hecken** und **Beeteinfassungen** eignen sich kleinblättrige Immergrüne, etwa *Buxus*

sempervirens var. *arborescens* oder 'Suffruticosa' sowie Liguster und schnittverträgliche Nadelgehölze wie *Thuja*, Scheinzypresse und Eibe.

➤ Bei **Kirschlorbeer, Stechpalme** oder **Mahonie** schneidet man keine so strengen Linien. Da die elektrische Schere die Blätter großlaubiger Immergrüner zu sehr beschädigt, bekommt ihnen ein Schnitt mit der mechanischen Heckenschere besser.

➤ **Frei wachsende Hecken** aus Koniferen benötigen so gut wie keinen Schnitt, sofern ihr Wuchs nicht eine Korrektur nötig macht – zum Beispiel, wenn ein Ast ins Fenster zu wachsen droht.

➤ **Naturhecken** aus immergrünen Laubgehölzen benötigen nur Auslichtungs- und Verjüngungsschnitte.

Der richtige Zeitpunkt

Streng geformte Hecken brauchen mehrmals im Jahr die Schere, sonst genügt ein Schnitt, der bei immergrünen Gehölzen im Spätsommer erfolgt.

Will man das Wachstum fördern, schneidet man schon im zeitigen März, um den kräftigen Frühjahrsaustrieb zusätzlich zu stimulieren. Bis September können dann immer wieder Korrekturschnitte folgen. Soll das Wachstum eher gebremst werden, ist der ein-

---

TIPP

>> schnell und einfach

Technische Tücken

➤ Gehen Sie sehr behutsam mit der elektrischen Heckenschere um und lassen Sie sich bei der Arbeit nicht ablenken.

➤ Schneiden Sie niemals tropfnasse Hecken, Sie riskieren einen Stromschlag.

➤ Achten Sie stets auf das Kabel. Es rutscht leicht zwischen die Zweige und wird durchgeschnitten.

➤ Befindet sich ein Drahtzaun in der Hecke, ist Vorsicht geboten: Die Schere kann beschädigt werden.

malige Schnitt im Spätsommer empfehlenswert.

➤ Bei Formhecken aus Buchs
raten Spezialisten zu einem
einmaligen Schnitt im Juni,
weil dann alle Frühjahrstriebe
auf das gewünschte Maß
gestutzt werden können und
der Sommeraustrieb rasch
die Lücken schließt.

➤ Koniferen soll man frühes-
tens ein Jahr nach dem Pflanzen das erste Mal beschneiden.

➤ Unterbleibt ein Schnitt im
ersten Jahr, fördert das die
Wurzelbildung.

➤ Vorsicht ist bei alten Ge-
hölzen geboten: Der Hecken-
schnitt zerstört die Nester von
Vögeln, die gerne ungesehen
in Immergrünen brüten.
Beobachten Sie ihre Hecke
ein paar Tage lang genau.
Wird gebrütet, sollten Sie den
Schnitt verschieben, bis die
Jungen flügge sind.

Ein Rondell voller Phlox, sauber eingefasst von kunstvoll
gestalteten Schnitthecken.

Das nötige Werkzeug

Eine klassische Handschere
eignet sich vor allem für niedere Beeteinfassungen. Die
Arbeit ist etwas mühsam,
aber Sie können jeden Schnitt
vorher gut überlegen. Haben
Sie viele Beete mit Immergrünen eingefasst, lohnt sich eine
elektrische Schere – erst recht
bei hohen »lebenden Zäu-

nen« rund ums Grundstück.
Legen Sie mit einer elektrischen Schere jedoch nicht
gleich los. »Üben« Sie zuerst
an einem kleinen Busch oder
an einer Ecke der Hecke, um
ein Gefühl für die Geschwin-
digkeit der Schere zu bekommen. So vermeiden Sie Fehl-
schnitte.

Trapez-Schnitt

Um eine bis zum Boden
buschige, kompakte Schnitt-
hecke zu erhalten, schneidet
man die Hecke in Trapez-
form: Sie wird nach unten
etwas breiter. So trifft die
Sonne auch untere Äste und
fördert deren Wachstum.
Formen Sie aus je drei Latten
zwei Trapeze in der ge-
wünschten Schnittgröße.

Diese Holzrahmen werden
am Anfang und Ende der
Hecke aufgestellt. Die
Schnittkanten markieren
Sie mit straff gespannten
Schnüren.

Schneiden oder nicht schneiden

✔ Kalkulieren Sie vor der Auswahl Ihrer Heckenpflanzen
den jeweiligen Pflegeauf-
wand ein.

✔ Einfache Schnitthecken erfordern mindestens einmal im
Jahr den Einsatz der Heckenschere.

✔ Bei strengen Formschnitthecken müssen Sie öfters im
Jahr Hand anlegen, je nach-
dem, wie korrekt sie aus-
sehen soll.

29

Die Kunst des Topiary

Ob immergrüne Figuren in strenger Geometrie oder herrlich verspielt: Die alte Kunst des Formschnitts ist wieder in Mode.

Topiary nennen die Engländer jene Schnittkunst, die aus Pflanzen »lebende Skulptu-

> *Wer Kugel und Kegel beherrscht, kann kompliziertere Figuren schneiden.*

ren« gestaltet. Was schon in der Renaissance und im Barock beliebt war, wie Kloster- und Schlossgärten in ganz Europa zeigen, ist auch heute gefragt: geometrische Figuren, Tiergestalten oder raffinierte »grüne« Architektur. Auch wenn einem Anfänger nicht gleich ein Vogel, Bär oder gar Fahrrad gelingt – die Regeln des Topiary kann man relativ leicht erlernen.

Für Figurenschnitte eignen sich am besten kleinlaubige Gehölze wie Buchs und Liguster, da sie klare Schnittflächen erlauben. Auch die biegsamen weichen Nadeln der Eibe legen sich nach dem Schnitt gut in Form. Angeschnittene Blätter großlaubiger Pflanzen dagegen sehen nicht nur hässlich aus, sie fördern auch den Befall der Pflanze mit Pilzen.

Zeitpunkt und Größe

Die beste Zeit für den ersten Schnitt ist auch hier der Spätsommer, da dann der Frühjahrsaustrieb ausgereift ist. Sobald eine Grundform steht, kann mehrmals im Jahr nachgeschnitten werden. Zu Beginn aber sollte eine Schnittpflanze kräftig und groß genug sein. Manchmal entdeckt man eine Figur schon im natürlichen Wuchs, dann muss »nur« die klare Form herausgeschnitten werden.

Schablonen herstellen

Beginnen Sie mit einfachen Formen wie einem Kegel oder einer Kugel. Dafür benötigen Sie eine Schablone, die leicht herzustellen ist.

➤ Für Rundformen sägen Sie aus einem dünnen Holzbrett einen Halbkreis aus. Der

> **1** **Vorher – nachher**

Aus einem wild wuchernden Buchsbäumchen lässt sich eine pfiffige Vogelfigur gestalten.

> **2** **In Form bringen**

Mit Stäben und Draht bringen Sie vor dem ersten Grobschnitt die einzelnen Triebe in die gewünschte Position.

> **3** **Korrigieren**

Zum Schluss geht es an die Feinarbeit von Schnabel und Schwanz.

Radius, vom Stamm aus gemessen, ist etwas geringer als der Ihrer aktuellen Pflanze.
➤ Für Kegel oder Pyramide bauen Sie aus Stäben und Maschendraht ein Gerüst in der angestrebten Form, das Sie über die Pflanze stülpen. Oder befestigen Sie am stärksten Mitteltrieb einen Stab, von dessen Spitze aus Sie eine Schnur zum Rand des Blumentopfes spannen. Für den Kegel ziehen Sie damit einen Kreis um die Pflanze, für die Pyramide stecken Sie vier Punkte im Quadrat ab.

Der Schnitt

Gehen Sie behutsam und mit Fingerspitzengefühl vor, denn kein Schnitt ist rückgängig zu machen. Geschnitten wird alles, was über die Schablone spitzt. Lieber zweimal wenig abschneiden als einmal zu viel.
➤ Schneiden Sie möglichst immer knapp über einer Verzweigung, da sich hier rasch neue Triebe bilden, die ein dichtes, buschiges Wachstum garantieren.
➤ Achten Sie wie beim Heckenschnitt (→ Seite 29) darauf, dass die unteren Pflanzenteile noch genügend Licht bekommen und nicht mit der Zeit verkahlen.

➤ Mit dem Wachstum der Pflanzen müssen natürlich auch die Schablonen größer werden.
➤ Topiary verlangt zwar etwas Geduld: Im ersten Jahr ist die gewünschte Form oft noch nicht perfekt. Doch nach einigen Jahren bereichert Ihre immergrüne Skulptur den Garten, und viele Nachbarn werden Sie beneiden. ■

PRAXISINFO

Diese Pflanzen eignen sich für Topiary

✗ *Buxus sempervirens* 'Suffruticosa': ideales Formgehölz, langsam wachsend

✗ *Ilex crenata* (Stechpalme): kleinblättrig und kleinwüchsig

✗ *Ligustrum vulgare* 'Atrovirens': wintergrün, preiswerter als Buchs

✗ *Myrtus communis* (Myrte): langsam wachsend, nur als Kübelpflanze geeignet

✗ *Taxus-baccata*-Sorten (Eibe): anspruchslos, schnittverträglich, langsam wachsend

✗ *Thuja-occidentalis*-Sorten: schnellwüchsig, anspruchslos

Vermehrung durch Stecklinge

Die eigenen Pflanzen vermehren macht Spaß und spart Geld. Legen Sie sich eine »Baumschule« im Miniaturformat an.
Ohne viel Aufwand lassen sich von den meisten Immergrünen Abkömmlinge gewinnen. Das ist vor allem bei

Selbst gezogener Buchs liefert reichlich Material für Topiary.

Schnittgehölzen für kleine Hecken und Beeteinfassungen sinnvoll: Stirbt in der Reihe eine Pflanze ab, haben Sie gleich Ersatz parat. Auch als Geschenk für Freunde mit

Garten oder Balkon macht ein selbst gezogenes Pflänzchen Freude, gerade bei teuren Gewächsen wie Buchs. Dabei gibt es verschiedene Methoden. Die einfachste und schnellste ist die Vermehrung durch Stecklinge.

Stecklinge ziehen

Gärtner unterscheiden grüne und halb verholzte Stecklinge sowie Steckhölzer – je nach Jahreszeit und Pflanzentyp. Immergrüne Gehölze, ob mit Nadeln oder Blättern, vermehrt man in der Regel mit halb verholzten Stecklingen im Spätsommer. Die Bewurzelung dauert länger als bei nicht verholzten Stecklingen, manchmal ein Jahr, dafür sind sie robuster und faulen nicht so leicht.

Beet oder Balkonkasten

➤ Bereiten Sie in einem halbschattigen, aber hellen Beet im Garten Ihre Mini-Baumschule vor. Kästen auf der Terrasse oder dem Balkon genügen auch. Sie dürfen aber nicht in der prallen Mittagssonne stehen.

➤ Füllen Sie in das Gefäß Anzuchterde, das ist ein lockeres Gemisch aus Torf und Sand. Darin kann auch schon die von der jeweiligen Pflanze später im Beet bevorzugte Erde untergemischt sein.

➤ Mit einem Stäbchen bohrt man Löcher in die Erde oder zieht eine Furche: Hier kommen die Stecklinge hinein.

➤ Wählen Sie einen im unteren Teil schon etwas verholzten 10–15 cm langen Trieb. Schneiden oder reißen Sie ihn stets unterhalb eines Blatts oder einer Knospe.

➤ Gerader oder schräger Schnitt – schneiden oder reißen: Da scheiden sich die Geister der Gärtner. Spezialisten haben überdies besondere Tipps, etwa beim Buchs, dessen Stecklinge am besten im Schnittlauchbeet wurzeln sollen.

➤ Nehmen Sie Stecklinge ohne Blüten, Früchte oder Samen. Sie kosten die Pflanze Kraft, die ihr dann für die Wurzelbildung fehlt.

➤ Zupfen Sie bis zu einem Drittel von unten her die Blätter (oder Nadeln) ab und

1 Der Steckling

Aus einer Zweigachsel des Buchsbaums einen 10–15 cm langen Trieb reißen und die Blättchen von unten her zu zwei Dritteln abzupfen.

2 Die Erde

Den Steckling bis zum Blattansatz in ein halbschattiges Beet in die Erde stecken. Sie können auch einen Kasten mit Anzuchterde benutzen.

3 Erste Triebe

Frische, grüne Blättchen zeigen, dass der Steckling bewurzelt ist. Zur Bildung eines kompakten Ballens in einen Topf pflanzen.

stecken Sie den Steckling bis zur »Krone« so in die Erde, dass sich die Blätter gegenseitig nicht berühren. Zur Beschleunigung der Wurzelbildung bietet der Fachhandel Hormonpulver an. Damit bestäubt man die Stielenden.

➤ Setzen Sie immer gleich mehrere Stecklinge, da nicht jeder Versuch gelingt.

➤ Drücken Sie die Erde um die Pflänzchen etwas an. Vor allem in der Anfangszeit sollte sie stets feucht, aber nicht zu nass gehalten werden.

➤ Wenn im nächsten Jahr die ersten Triebe den Erfolg Ihrer »Baumschule« zeigen, pflanzen Sie die Stecklinge in je einen Topf. Das erleichtert das spätere Umpflanzen, weil die

Stecklinge einen Wurzelballen ausbilden und nicht ineinander wurzeln. Ins Gartenbeet eingegraben, überstehen diese »Topfpflanzen« den folgenden Winter. Im Herbst sowie an milden Wintertagen sollten sie wie die Mutterpflanzen gut gewässert werden.

Pflanzen teilen

Bei wüchsigen Stauden, Bodendeckern und Bambus ist eine unkomplizierte Methode die Teilung von Wurzelballen oder Rhizomen. Graben Sie hierzu üppige Pflanzen im Frühjahr aus und lösen Sie einen kräftigen Seitentrieb samt Wurzel oder Rhizom vorsichtig ab. Den neuen Setzling anfangs feucht halten. ■

PRAXISINFO

Wie vermehrt man was?

Mit halb verholzten Stecklingen im Spätsommer:

✗ Buchs, Efeu, Geißblatt, Immergrün, Liguster, Mahonie, Ölweide, Spindelstrauch, Stechpalme, Zwergmispel

✗ Eibe, Fichte, *Thuja* oder Scheinzypressen; Wacholder vermehrt man über Steckreiser, also verholzte, aber nadellose Triebe

Mit Grünstecklingen im Frühjahr:

✗ Klebsame und Kirschlorbeer

Durch Teilung:

✗ Stauden: Immergrün oder Elfenblume

✗ Rhizompflanzen wie Bambus oder Bergenie

Feiern mit
Immergrünen

Immergrüne liefern äußerst haltbares Beiwerk für Ihre Sträuße und Gestecke. Gestalten Sie daraus für besondere Anlässe dekorative Accessoires.
Jeder Schnitt ins saftige Grün tut immer ein wenig weh, sei es bei der Buchsbaumhecke, der Efeumauer oder dem glänzenden Kirschlorbeer – vor allem den Einsteigern ins Metier des Gärtners, denen jeder frische Trieb noch Freude und Stolz beschert. Und dann die vielen Äste und Blattschnipsel am Boden –

viel zu schade eigentlich für den Kompost. Warum also keine raffinierte Wiederverwertung des Gartenabfalls? Überraschen Sie zum Beispiel Ihre Gäste mit zierlichen Namensschildchen an jedem Platz der festlich gedeckten Tafel. Dafür können Sie jederzeit Ihrem Efeu ein paar Blätter stibitzen. Wüchsig, wie er ist, schadet ihm das nicht. Auf möglichst große Blätter schreiben Sie mit Goldbronze oder speziellen Filzschreibern die Namen Ihrer Lieben.

Mit den ledrig-glänzenden Blättern Ihrer Kirschlorbeerhecke lassen sich Dosen oder Gläser bekleben – als aparte Vasen für Blumen oder immergrüne Sträuße. Andere Sträucher mit großen Blättern eignen sich dazu ebenso. Für den Kindergeburtstag oder eine silberne Hochzeit: Schmücken Sie den Ehrenplatz mit einer Girlande der schönsten Immergrünen aus Ihrem Garten oder umkränzen Sie bei der Party die Haustür als »Welcome« für Ihre Besucher.

Efeu-Blätter können Sie mit Gold- oder Silberbronze hübsch beschriften.

Mit Blättern des Kirschlorbeers wird eine Konservendose zu einer Vase. Umwickeln Sie die Dose spiralförmig mit doppelseitigem Klebeband und drücken Sie die Blätter fest.

> **Nehmen Sie Triebe** von Buchs oder Tanne und schneiden Sie 10 cm lange Abschnitte zurecht. Die Zweige schuppenartig an einem Sisalstrick entlang legen und mit Draht festbinden.

> **Ob in Gold, Silber oder Weiß,** ob Namensschildchen oder Blumenvase: Immergrüne bitten Ihre Gäste zu Tisch.

PRAXISINFO

Immergrüne Accessoires

Geeignete Pflanzen

✗ Alle Arten von Nadelgehölzen, Buchs, Efeu, Kirschlorbeer, Liguster, Stechpalme, Lederschneeball, Ölweide oder Kübelpflanzen wie Lorbeer.

Weitere Ideen

✗ Aus Immergrünen können Sie abwechslungsreiche Kränze binden: als »Evergreen« im Winter, für den Kindergeburtstag, zu Advent oder als individueller Grabschmuck.

✗ Mit Rosen oder anderen Blüten geschmückt ist jede Girlande oder jeder Kranz noch einmal so attraktiv.

✗ Mit Immergrünen können Sie auch bonsaiähnliche Gestecke herstellen: Arrangieren Sie schön geformte, baumähnliche Zweige aufrecht in Steckpolstern oder in Sandschälchen.

Gießen, düngen, pflegen

Die meisten hier vorgestellten Pflanzen sind äußerst anspruchslos. Ein bisschen Pflege aber brauchen sie alle übers Jahr.
Auch Immergrüne haben den stärksten Wachstumsschub im Frühjahr und Sommer. Um einen gesunden Wuchs zu fördern, helfen Wasser, Kompost, Mulch und langsam wirkende Volldünger. Doch Vorsicht: Viele sichtbar kränkelnde Pflanzen in unseren Gärten leiden nicht unter Mangelerscheinungen. Sie sind oft schlichtweg überdüngt.

Kompost und Dünger
Beim Düngen gilt für Immergrüne das Motto: Eher wenig als zu viel. Kompostgaben im Frühjahr, Sommer und Herbst ebenso wie Mulchauflagen aus Grasschnitt oder Laub versorgen die meisten Pflanzen mit genügend Nährstoffen und sorgen für Humus im Boden. Nur besondere Bodenverhältnisse erfordern zusätzliche Düngemittel.

➤ Im Handel erhältliche organische Nährstofflieferanten wie Guano, Algenpulver, Knochenmehl oder Hornspäne sind sparsam zu verwenden. Beachten Sie stets die Dosierungsangaben auf der Packung.

➤ Karge Böden benötigen jährlich eine Volldüngung, am besten mit gut verrottetem Stallmist, der in die Erde eingearbeitet wird. Wenn Sie keinen Mist bekommen, dient organischer Volldünger als Ersatz.

➤ Streng formierte, oft geschnittene Hecken und üppig blühende Gehölze wie Rhododendron benötigen mehr Nährstoffe. Hier empfiehlt sich spezieller Langzeitdünger in Granulatform im Frühjahr. Bei Mangelerscheinungen hilft flüssiger Volldünger.

➤ Bringen Sie Dünger niemals direkt am Stamm aus.

Falscher Standort und fehlender Winterschutz führen bei manchen Kirschlorbeerarten zu Frostschäden.

> *Beim Buchs sorgt jeder Formschnitt auch für eine Verjüngung und für dichteren Wuchs der Pflanzen.*

Richtig gießen

Eine Faustregel für Immergrüne lautet: Eher weniger als zu viel gießen. Doch je nach Jahreszeit, Wetterlage, Pflanzenart, Alter und Standort gibt es Ausnahmen, vor allem bei langen Trockenzeiten.

➤ In strengen Wintern leiden immergrüne Laubgehölze, da sie über ihre Blätter weiterhin Wasser verdunsten, mit ihren Wurzeln aus dem gefrorenen Boden aber kein Wasser aufnehmen können.

➤ Deshalb müssen Stechpalme, Buchs, Mahonie und Liguster ebenso wie Koniferen im Herbst ausgiebig gewässert werden. Nutzen Sie im Winter frostfreie Perioden zum Gießen.

➤ Frisch gesetzte Pflanzen benötigen die ersten Monate einen kontinuierlich feuchten Boden. Mulchen verhindert rasches Austrocknen des Erdreichs.

➤ Gießen Sie nicht mit der Brause die ganze Pflanze, sondern halten Sie Kanne oder Schlauch über den Wurzelbereich.

Pflegeschnitt

Frei wachsende Gehölze brauchen kaum einen Rückschnitt, zumal viele sehr langsam wachsen und jeder neue Zweig willkommen ist. Sie sind nur gelegentlich auszulichten. Vor allem nach strengen Wintern muss man tote und kranke Zweige entfernen. Bei manchen Arten lässt sich das Wachstum durch einen Schnitt jedoch anregen:

➤ Bei Efeu hilft das Kappen der Triebspitzen, eine rasche Verzweigung anzuregen.

➤ Durch Auslichten lassen sich alte, verkahlte Büsche verjüngen. Kappen Sie dazu dicke, knorrige Triebe über dem Boden.

➤ Besenheide *(Calluna vulgaris)* kann man im Frühherbst auf 6–8 cm zurückschneiden, um einen dichten Pflanzenteppich zu erhalten.

➤ Feuerdorn, Kirschlorbeer und sogar Rhododendren vertragen radikale Rückschnitte bis ins alte Holz. ■

Kübelpflanzen richtig pflegen

**Anders als die meisten frost-
harten Immergrünen be-
nötigen südländische Pflanzen mehr Zuwendung, im
Sommer wie im Winter.**
Auch »Exoten« haben ihre
Ansprüche, lieben sonnige

sind bei Hitze besonders
durstig wie Zitrus oder Zier-
banane. Andere, darunter
viele am Mittelmeer beheima-
tete Hartlaubgewächse, überstehen auch mal eine Tro-
ckenphase im Halbschatten,
während Sie im Urlaub sind.

Pflege im Freien
Leichter als im Garten kann
man Kübelpflanzen beim
Ein- und Umtopfen die ge-
eignete Erdmischung bieten.
Die Nährstoffe sind jedoch
bald verbraucht, daher kom-
men Kübelpflanzen ohne
Dünger kaum aus.
➤ **Sonne und Schatten:** Volle
Sonne und viel Wärme brau-
chen Dattelpalme, Oleander,

Olivenbaum, Rosmarin und
Zitruspflanzen. Helle warme,
doch eher beschattete Plätze
vor allem zur Mittagszeit bevorzugen Hanfpalme, Kleb-
same, Lorbeer und Myrte.
➤ **Wässern:** Im Frühjahr
sollte man nur gießen, wenn
die Erde trocken ist. Im Sommer muss man die meisten
Kübel täglich wässern.
➤ **Anspruchslos** sind der
Olivenbaum, der nur einmal
pro Woche nach Wasser verlangt, sowie Lorbeer und
Klebsame (zweimal pro
Woche). Dattel- und Hanf-
palme wollen nur bei großer
Hitze täglich gegossen werden. Kalkempfindliche Pflanzen wie Zitrus gießt man am

> *Robust und attraktiv: Lor-
> beerbäume finden an vie-
> len Plätzen Verwendung .*

oder schattige Standorte,
leichte oder schwere Böden.
Der bewegliche Kübel macht
es möglich, Wärme liebende
Pflanzen sommers im Freien
und im Winter in frostfreien
Räumen zu halten. Manche

TIPP

Zeit zum Einräumen
>> schnell
und einfach

➤ Nicht zu früh, aber vor dem ersten Frost einräumen,
lautet eine Faustregel für die meisten Arten.

➤ Je länger Ihre Pflanze im Freien bleibt, umso weniger
anfällig ist sie für typische Winterkrankheiten. Das gilt
vor allem für Oleander.

➤ Klebsame und Rosmarin vertragen Temperaturen um
0 °C und können bis zum Dauerfrost draußen bleiben;
Lorbeer, Olivenbaum, Dattel- und Hanfpalme über-
leben sogar einzelne Frostnächte bis zu −10 °C.

besten nur mit Regenwasser und besprüht sie bei Trockenheit morgens oder abends.

➤ **Düngen:** Die meisten Kübelpflanzen brauchen in der Wachstumsphase einmal pro Woche eine Portion Volldünger. Eine Gabe Langzeitdünger im zeitigen Frühjahr ist bequemer. Sparsam gedüngt werden Zitrus und Lorbeer (alle zwei Wochen) sowie Rosmarin (einmal im Monat). Ab Ende August keinen Dünger mehr verabreichen.

Das Winterquartier

Im Winter brauchen Kübelpflanzen einen frostfreien Raum. Auch wenn einige wie Rosmarin in milden Regionen samt Topf in die Erde eingegraben werden können: Solche Versuche sollten Sie erst machen, wenn Ihre Exoten ein paar Jahre alt sind.

➤ **Licht und Wärme:** Lichthungrig sind die meisten immergrünen Kübelpflanzen auch im Winter. Deshalb sollten sie nicht in den Keller.

➤ Bei 0–10 °C bringt man Klebsame und Lorbeer unter, bis 15 °C verträgt der Rosmarin. Lichte Quartiere zwischen 5 und 15 °C bevorzugen die übrigen immergrünen Kübelpflanzen, auch Zitrus.

In Kokosmatten eingepackt überstehen manche Exoten den Winter.

➤ In **Wohnräumen** überwinternde Pflanzen nie in die Nähe der Heizung stellen.

➤ **Gießen** Sie im Winter so wenig wie möglich. Je kühler und dunkler der Standort, umso weniger Wasser verdunsten die Pflanzen.

➤ Im Frühjahr vorsichtig gießen, wenn die Erde trocken ist.

➤ Das Quartier sollte nicht zugig, aber auch nicht stickig sein. Öfter mal lüften.

➤ Kontrollieren Sie die Pflanzen regelmäßig auf Schädlinge und Krankheiten. ■

CHECKLISTE

Gewichtheber gefragt

✔ Denken Sie schon beim Kauf an den Transport ins Winterquartier: Haben Sie genügend Platz? Sind die Türen groß genug? Finden Sie als Single beim Trager Hilfe?

✔ Nutzen Sie bei schweren Töpfen Rollbrett, Rutsche oder Sackkarre – Sie schonen Ihre Wirbelsäule.

✔ Plastikkübel verringern das Gewicht, sind aber nicht so dekorativ. Im Sommer lassen sich attraktive Keramikgefäße als Übertopf benutzen.

Pflanzenporträts

Nadelgehölze

Nadelgehölze oder Koniferen gehören zu den pflegeleichtesten und beliebtesten Immergrünen. Allerdings ist bei der Gartenplanung Zurückhaltung geboten: Zu viele Koniferen in kleinen Gärten wirken oft ein wenig streng oder gar langweilig. Deshalb sollte man sie geschickt mit immergrünen Laubpflanzen oder sommergrünen Gehölzen kombinieren.

Beim vielfältigen Angebot an Formen und Farbtönen der Nadeln sollten Sie vorsichtig sein. Allzu leicht entsteht ein kurioses Durcheinander, in dem besonders raffinierte Koniferen schlicht untergehen. Entscheiden Sie sich lieber für wenige Sorten und geben Sie ihnen einen Platz, an dem sie zur Geltung kommen.

Auch an die künftige Größe von Tanne & Co. sowie an deren kräftiges Wurzelwerk ist zu denken, um Überraschungen zu vermeiden: Zu nah an das Haus gepflanzt, beschatten große Nadelbäume unter Umständen den ganzen Winter über die Wohnung.

Blaue Mädchenkiefer
Pinus parviflora 'Glauca'

Größe: H 3–5 m, B 1–2,5 m
Wuchs: zierlich, malerisch, kompakt

➤ **schon jung Zapfen bildend**

Aussehen: vergleichsweise klein bleibende Kiefer mit blaugrünen, gedrehten, leicht bereiften Nadeln; mitunter bizarre Gestalt; viele Zapfen, die mehrere Jahre hängen bleiben
Boden: gedeiht in allen feuchten, aber wasserdurchlässigen Böden, vorzugsweise in voller Sonne
Schnitt: kein Schnitt nötig
Winterhärte: voll frosthart
Gestaltung: möglichst frei stellen, als dekorativer Solitär auch für Hintergrundpflanzung von Steingärten

Eibe
Taxus baccata

Größe: H bis 18 m, B bis 10 m
Wuchs: sehr dicht und meist kegelförmig

➤ **gut schnittverträglich** ✿

Aussehen: schwarzgrün glänzende, weiche Nadeln und schuppige rotbraune Borke; im Frühherbst reifen an weiblichen Exemplaren rot leuchtende Früchte
Boden: gedeiht in jedem Boden
Schnitt: im Spätsommer oder Frühherbst
Winterhärte: voll frosthart
Gestaltung: als Solitär, Hecke und Sichtschutz; extrem schattenverträglich; große Sortenvielfalt: z. B. gelbe Nadeln; für Formschnitt geeignet; ganze Pflanze giftig

✿ pflegeleicht   ☼ Sonne   ◐ Halbschatten   ● Vollschatten

Lebensbaum (Thuja)
Thuja occidentalis

Größe: H bis 20 m, B 3–5 m
Wuchs: steil kegelförmig, oft mehrstämmig

➤ **schnellwüchsig** ✿

Aussehen: im Sommer gelblich grüne fächerartige Triebe, die sich im Winter leicht braungrün verfärben
Boden: besonders wüchsig an feuchten Standorten
Schnitt: regelmäßiger Schnitt bei Hecken im Frühjahr oder Spätsommer fördert Wachstum
Winterhärte: voll frosthart
Gestaltung: eine der beliebtesten Hecken, weil sehr preisgünstig; attraktiv auch als unbeschnittener Solitär; viele Arten und Sorten; vor allem Triebspitzen giftig

Scheinzypresse
Chamaecyparis lawsoniana

Größe: H bis 30 m, B bis 3 m
Wuchs: je nach Sorte Säulen-, Kegel- oder Zwergform

➤ **robust, vielgestaltig** ✿

Aussehen: rötlich-braune Borke löst sich in Streifen ab; schuppenartige, flache Wedel; saftig grün, auch gelbe, blaugrüne oder silbrige Sorten
Boden: in jedem tiefgründigen, nicht zu trockenen Boden
Schnitt: Formschnitte nur bei Hecken nötig
Winterhärte: voll frosthart, junge Pflanzen in exponierter Lage vor eisigem Wind schützen
Gestaltung: verbreitet als Solitär mediterranes Flair; auch kleinwüchsige Sorten; ganze Pflanze giftig

Wacholder
Juniperus communis

Größe: 0,5–5 m, B 0,5–3 m
Wuchs: Kegel-, Säulen- oder kriechende Form

➤ **filigran, unverwüstlich** ✿

Aussehen: ausladend, meist dicht und mehrstämmig; stachlige Nadeln in Wirteln, beim Zerreiben aromatisch duftend; Beeren erst im dritten Jahr blau
Boden: Tiefwurzler in allen, auch kargen, kalkigen Böden
Schnitt: auch bei Hecken möglichst nur tote Zweige entfernen
Winterhärte: voll frosthart
Gestaltung: als Solitär oder undurchdringliche Hecke für Heidegärten; auch säulenförmige sowie zwergwüchsige oder gelb genadelte Sorten

giftig

Laubgehölze

Grün ist beileibe nicht immer grün – auch bei Pflanzen, die ganzjährig ihr Laub behalten. Die Farben und Formen der Blätter lassen sich reizvoll kombinieren. Und bei geschickter Auswahl bringen Blüten, Früchte und Laubfärbungen vom zeitigen Frühjahr bis in den Winter hinein Farbe in Ihr immergrünes Reich.

Aber auch hier gilt: Schaffen Sie kein verwirrendes Durcheinander, sondern lassen Sie jede Pflanze zur Wirkung kommen. Die hier genannten Arten zeichnen sich alle durch Robustheit und vielfältige Nutzung aus: vom universalen Buchsbaum über den allseits beliebten Rhododendron mit seinem Blütenfeuerwerk bis hin zur Zwergmispel als Beispiel für bezaubernde Fruchtgehölze. Allesamt eignen sie sich gut für Einsteiger – und ersparen Ihnen das Laubfegen im Herbst.

Viele immergrüne Laubgehölze sind schnittverträglich und passen sich jeder Gartengröße an.

Buchsbaum
Buxus sempervirens

Größe: H bis 6 m, B bis 5 m
Wuchs: buschig rund, im Alter auch aufrecht baumförmig

➤ **sehr schnittverträglich** ✿

Aussehen: dicht belaubter und verzweigter Strauch oder Baum mit runzeliger Borke; ledrige, eiförmig-elliptische Blättchen
Boden: begnügt sich auch mit kargen, trockenen Standorten, gut kalkverträglich
Schnitt: im Frühling und Spätsommer
Winterhärte: voll frosthart, in extremen Wintern frieren einzelne Triebe ab
Gestaltung: als Solitär, Hecke und Beeteinfassung oder für Pflanzenskulpturen; Blätter und Früchte stark giftig

Kirschlorbeer
Prunus laurocerasus

Größe: H bis 6 m, B bis 8 m
Wuchs: strauchig dicht, im Alter ausladend

➤ **schnittverträglich** ✿

Aussehen: längliche, große, dunkelgrün glänzende Blätter, an Lorbeer erinnernd; duftende weiße Blüten im Frühling, im Spätsommer rote, später schwarze Beeren
Boden: in humosen Böden besonders wüchsig
Schnitt: schnittverträglich, lässt Verjüngung zu
Winterhärte: in extremen Wintern frieren mitunter Triebe ab
Gestaltung: gut als Sicht- und Windschutzhecke, als solitärer Busch oder Kübelpflanze; viele Sorten; ganze Pflanze giftig

✿ pflegeleicht   ☼ Sonne   Halbschatten   ● Vollschatten

Rhododendron
R.-yakushimanum-Hybriden

Größe: H 1–4 m, B 2–4 m
Wuchs: dicht, meist kuppel-förmig, auch aufrecht

➤ **widerstandsfähig**

Aussehen: kompakte Rhodo-dendron-Züchtungen mit gro-ßen Blüten, Knospen meist rötlich, später weiß bis rot
Boden: humoser, feuchter Boden; kalkverträglich, wenn Erde regelmäßig mit Torf ange-reichert wird
Schnitt: kein Rückschnitt nötig, aber bei großen Pflanzen mög-lich
Winterhärte: voll frosthart
Gestaltung: als Solitär oder in kleinen Gruppen; viele Arten und Sorten in unterschiedli-chen Farbtönen

Stechpalme
Ilex aquifolium

Größe: H bis 15 m, B bis 4 m
Wuchs: aufrechter Strauch oder Baum

➤ **langlebig** ✿

Aussehen: stark verzweigt mit meist kegelförmiger Krone; eiförmige, ledrige dunkelgrüne Blätter, am Rand bedornt; korallenrote Früchte an weib-lichen Exemplaren
Boden: in nährstoffreichen, kalkarmen Lehmböden, auch an steinigen Plätzen
Winterhärte: bedingt frosthart, jedoch voll frostharte Sorten
Schnitt: Hecken im Frühjahr, Formschnitte im Sommer
Gestaltung: als Solitär oder Hecke; vielfältige Arten und Sorten; Beeren stark giftig

Zwergmispel
Cotoneaster salicifolius

Größe: H bis 3 m, B bis 5 m
Wuchs: rundwüchsiger Strauch mit überhängenden Ästen

➤ **üppiger Fruchtschmuck**

Aussehen: lanzettliche Blätter an elegant gebogenen Zweigen; Dolden mit bis zu 100 weißen Blüten; glänzende, leuchtend rote Beeren im Winter
Boden: eher trockene und mäßig fruchtbare Böden
Schnitt: bei Hecken im Spät-sommer Rückschnitt bis zu den abgewelkten Blüten möglich
Winterhärte: frosthart, in kal-ten Regionen jedoch schützen
Gestaltung: als Solitär oder Hecke, auch zur Begrünung von Mauern; Vorsicht: viele Laub abwerfende Verwandte

 giftig

Kletterer und Bodendecker

Dauernd Unkraut zupfen und immer wieder den Boden lockern ist nicht jedermanns Sache, zumindest nicht flächendeckend rund ums ganze Haus. Pflegeleichte Gewächse sind da der ideale Ausweg. Und in jedem Garten gibt es Partien, die man dauerhaft unter einem grünen Pflanzenmantel verstecken möchte. Zum Beispiel schmale Vorgärtchen entlang viel befahrener Straßen oder die hässliche Garagenmauer des Nachbarn. Nur wenige Kletterpflanzen sind hier zu Lande immergrün. Die breite Vielfalt an Efeu-Arten und -Sorten macht diesen Mangel etwas wett. Zudem lässt sich Efeu gut mit sommergrünen Rankern kombinieren. Immergrüne Bodendecker wiederum gibt es in allen Variationen und für jeden Standort. Je nach Geschmack lassen sich zierliche Pflanzen oder dekorative Blütenwunder wählen – als Unterwuchs unter Bäumen ebenso wie an Böschungen und rund um die Terrasse.

Dicknarbe
Pachysandra terminalis

Größe: H bis 35 cm, B bis 80 cm
Wuchs: niedriger, aufrechter Halbstrauch

➤ **langlebig** ✿

Aussehen: längliche Blätter an fleischigen Trieben bilden dichte Laubpolster; im Frühling oder Frühsommer kurze Ähren mit winzigen weißen Blüten
Boden: in allen Böden, bevorzugt auf feuchten, humosen
Pflege: sehr pflegeleicht, nur bei Trockenheit und an kargen Standorten regelmäßig gießen
Winterhärte: voll frosthart
Gestaltung: als Bodendecker oder an Wegrändern; auch für Beete oder als Unterwuchs unter Bäumen; ganze Pflanze giftig

Efeu
Hedera helix

Größe: H bis 10 m, B bis 15 m
Wuchs: buschig kletternd oder flach kriechend

➤ **vielseitig** ✿

Aussehen: Blätter in vielen Formen und Farben; blüht und fruchtet nur im Alter
Boden: alle Böden, am liebsten feucht-schattig
Pflege: keine Rankhilfe nötig; unerwünschte Ausbreitung durch regelmäßige Rückschnitte einschränken
Winterhärte: voll frosthart mit Ausnahme einiger bunt belaubter Sorten
Gestaltung: zur Begrünung von Fassaden und Mauern oder als Bodendecker; Blätter und Beeren giftig

✿ pflegeleicht Sonne Halbschatten Vollschatten

Geißblatt
Lonicera henryi

Größe: H bis 10 m, B bis 5 m
Wuchs: an Kletterhilfen rankend

➤ **Blüten und Früchte**

Aussehen: Triebe mit länglich-ovalen, dunkelgrünen Blättern; im Sommer purpurrote Blüten mit gelbem Schlund; Beeren schwarz
Boden: in jedem wasserdurchlässigen Boden; auch an kargen Standorten
Pflege: Erziehungsschnitt bei Jungpflanzen nach der Blüte; welke Blüten anfangs entfernen; bei Trockenheit wässern
Winterhärte: voll frosthart; späte Triebe frieren ab
Gestaltung: überrankt Pergolen und Zäune; Beeren giftig

Immergrün
Vinca minor

Größe: H bis 25 cm, B bis 50 cm
Wuchs: kriechend, bodendeckend

➤ **Schattenblüher** ✿

Aussehen: dunkelgrüne Blätter an niederliegenden Sprossen; dekorative veilchenblaue Blüten im Frühjahr, mitunter auch im Spätsommer
Boden: in jedem Boden
Pflege: im Frühjahr kräftig zurückschneiden
Winterhärte: voll frosthart
Gestaltung: für Wegränder und Schattenplätze, auch als Unterwuchs oder Rasenersatz unter dominanten Bäumen; Sorte 'Alba' trägt weiße Blüten, 'Variegata' cremeweiß gestreifte Blätter; ganze Pflanze giftig

Spindelstrauch
Euonymus-fortunei-Sorten

Größe: H 0,6–2 m, B bis 2 m
Wuchs: flach kriechend oder kletternd

➤ **viele Laubvarianten**

Aussehen: meist niederliegender Strauch, an Haftwurzeln kletternd; ovale, leicht gezähnte Blätter, je nach Sorte leuchtend grün, gelb oder weiß gemustert; im Herbst orangefarbene Früchte
Boden: in allen, auch in kargen Böden
Pflege: vor kalten, trockenen Winden schützen; kletternde Pflanzen abstützen
Winterhärte: voll frosthart
Gestaltung: als Strauch, Bodendecker oder Beeteinfassung und Mauerbegrünung

Gräser und Stauden

Auch unter den schier zahllosen Stauden und Gräsern gibt es einige immergrüne Arten, mit denen Sie Akzente im Garten setzen können. Selbst schwierige Stellen lassen sich so das ganze Jahr über kaschieren.

Pflegeleicht und schnellwüchsig ist besonders Bambus. In jüngster Zeit haben diese meist aus Asien stammenden Gräser auch in Deutschland ihren Siegeszug durch die Gärten angetreten. Ihr üppiges papierdünnes Laub begrünt immer häufiger Parks und öffentliche Anlagen und verbreitet asiatisches Flair. Weitere dauerhafte Gräser sind in den Pflanzentabellen aufgeführt.

Bei den Stauden finden Sie neben üppigen Bergenien und den sehr wärmebedürftigen Palmlilien, die hier zu Lande im Freien nur in milden Regionen überwintern können. Ihre sommerliche Blüte ist ein einmaliger Blickpunkt in jedem Garten.

Bambus
Phyllostachys aurea

Größe: H 6–9 m, B 2–3 m
Wuchs: Gruppen pyramidal aufragender Halme

➤ **dekorativ und filigran** ✿

Aussehen: reich verzweigt mit hellgrünen Blättern; Halme im Alter oft goldgelb
Boden: in allen Böden, erträgt auch längere Trockenperioden
Pflege: Rhizome bilden weniger Ausläufer als andere Bambusarten; üppiges Wässern im späten Frühjahr fördert Wachstum
Winterhärte: frosthart bis −20 °C, bei eisigen Winden und Dauerfrost können die Blätter Schaden nehmen; sie treiben aber im Frühjahr wieder aus
Gestaltung: als robuste Hecke oder elegante Solitärgruppe

Zwergbambus
Pleioblastus fortunei

Größe: H 30–80 cm, B bis 3 m
Wuchs: kompakte, niedrige Blatt-Dickichte

➤ **raschwüchsig** ✿

Aussehen: dicht wuchernde Gräser mit grünen Halmen und grün-weiß gestreiften, lanzettlichen Blättern
Boden: in allen Böden
Pflege: vor kalten, austrocknenden Winden schützen; das üppige Wachstum lässt sich durch Rhizomteilung und -sperren bremsen
Winterhärte: voll frosthart
Gestaltung: ideal zum Stabilisieren steiler Böschungen, für niedere Hecken und Beetumrandungen; als Einzelpflanze im Steingarten oder im Kübel

✿ pflegeleicht ☼ Sonne ◑ Halbschatten ● Vollschatten

Bergenie
Bergenia cordiflora 'Winterglut'

Größe: H bis 45 cm, B bis 30 cm
Wuchs: Blattrosetten aus fleischigen Rhizomen

➤ **rote Winterfärbung** ✿

Aussehen: Gruppen bildende Staude mit tiefgrünen Blättern, die sich im Winter purpurrot färben; im Frühling rispenartige rote Blüten
Boden: in feuchten, jedoch wasserdurchlässigen, auch kargen Böden; nicht an Standorten mit praller Mittagshitze pflanzen
Pflege: in Trocken- und Hitzeperioden für genügend Feuchtigkeit sorgen
Winterhärte: voll frosthart
Gestaltung: im Staudenbeet oder als solitäre Rabatten

Elfenblume
Epimedium x *perralchicum*

Größe: H bis 40 cm, B bis 60 cm
Wuchs: niedrige krautige Büschel

➤ **zierlich, aber robust** ✿

Aussehen: Polster bildend; glänzende, jung bronzefarbene, später sattgrüne Blätter; im Frühling an Rispen gelbe Blüten mit braunem Sporn
Boden: in fruchtbaren, wasserdurchlässigen Böden; verträgt stundenweise Sonne nur an dauerfeuchten Standorten
Pflege: verwelkte Blüten abknipsen
Winterhärte: voll frosthart, gelegentlich vorzeitiger Fall des wintergrünen Laubs
Gestaltung: für Rabatten oder als Bodendecker

Palmlilie
Yucca filamentosa

Größe: H 0,6–1,6 m, B 1–1,5 m
Wuchs: fast stammlose Blattrosette

➤ **sensationelle Blüte**

Aussehen: schwertförmige Blätter; im Sommer bis zu 2 m hohe Rispen mit unzähligen weißen Blüten
Boden: neutrale bis alkalische Böden; verträgt keine Staunässe
Pflege: abgewelkte Blütenstände entfernen; Verletzungsgefahr an Blattspitzen
Winterhärte: meist frosthart, bei Dauerfrost schützen
Gestaltung: als Solitär oder in Gruppen; auch als Kübelpflanze; Sorten mit weiß oder gelb geränderten Blattspießen

☠ giftig

Giftige
Immergrüne

Viele Pflanzen sind giftig, gerade unter den Immergrünen. Doch keine Panik: Wenn Sie ein paar Vorsichtsregeln beachten, müssen Sie auf Giftpflanzen nicht verzichten. Kindern sollten Sie einschärfen, dass bestimmte Arten zum Pflücken, Spielen, Basteln oder gar Essen tabu sind.

Efeu *(Hedera helix arborescens)* Gefährlich ist der Verzehr der bitteren Beeren. Da auch die Blätter Gift enthalten, sollten zumindest Allergiker beim Rückschnitt Handschuhe tragen.

Stechpalme *(Ilex aquifolium)* Giftig sind die für Kinder verführerischen Beeren und die Blätter. Deshalb sollte man auch hier nach jedem Kontakt mit der Pflanze die Hände waschen.

Rosmarin-Seidelbast
(Daphne cneorum)
Alle Pflanzenteile sind stark
giftig, am gefährlichsten
sind die Früchte. Der Verzehr von zehn bis zwölf
Beeren gilt bei Kindern als
tödliche Dosis.

Sadebaum
(Juniperus sabina)
Hier ist besondere Vorsicht
geboten, denn die gesamte
Pflanze ist extrem giftig. Am
stärksten konzentriert ist
das Gift in den Triebspitzen
dieser Wacholderart.

Liguster
(Ligustrum vulgare)
Auch wenn die Pflanze
keine lebensbedrohlichen
Gifte enthält, sollten vor
allem Allergiker den Haut-
kontakt meiden und Kinder
vor den Beeren gewarnt
werden.

Lebensbaum *(Thuja)*
Giftig sind neben den Zapfen
und dem Holz vor allem die
Triebspitzen. Mit Handschuhen
vermeiden Sie Hautreizungen
beim Schnitt einer *Thuja*-Hecke.

Eibe *(Taxus baccata)*
Bis auf den roten Samenmantel sind alle Pflanzenteile
giftig. Zu starken Vergiftungen führt das Zerbeißen von
Nadeln und Samen.

Weitere Immergrüne

Nadelgehölze

Art/Sorte	Kurzinfo	Höhe/Breite	Wuchs	Besonderheiten
Arakaurie *Aracauria aracauna*	☼	bis 20 m/ bis 8 m	in der Jugend konisch, im Alter runde Krone	dreieckige, schuppenförmige Nadeln, frostempfindlich; bizarrer Solitär
Atlas-Blauzeder *Cedrus atlantica* 'Glauca'	☼	bis 40 m bis 10 m	konisch, im Alter ausladend	silbrig-blaue Nadeln; schnellwüchsig, nur für große Gärten geeignet
Balsamtanne *Abies balsamea* 'Nana'	☼ ◑	bis 1 m/ bis 1 m	rundlich bis kissenförmig	dekorative, radial stehende Nadeln, unterseits blauweiß; für kühle Böden
Blaue Säulenzypresse *Chamaecyparis lawsoniana* 'Columnaris Glauca'	☼ ◑ ☠	10 m/ bis 1 m	sehr schlanke Säulenform	blaugrüne Schuppenblätter; ideal für dichte Sicht- und Windschutzhecken; ganze Pflanze giftig
Douglasie *Pseudotsuga menziesii*	☼	bis 50 m/ bis 10 m	anfangs konisch, später säulenförmig	stattlicher Solitär für große Gärten; verträgt keinen Kalk
Europäische Bergkiefer (Latsche) *Pinus mugo*	☼	bis 3 m/ bis 5 m	mehr breit als hoch, buschig verzweigt	langsam wachsend, sehr robust; als Solitär oder Hecke
Goldeibe *Taxus baccata* 'Fastigiata Aurea'	☼ ◑ ☠	3–5 m/ 0,5–2 m	breit ausladend oder säulenförmig	goldgelbe Nadeln, z.T. nur an den Triebspitzen; ganze Pflanze giftig
Goldgelber Zwerglebensbaum *Thuja occidentalis* 'Rheingold'	☼ ☠	bis 1,5 m/ bis 1,5 m	rundlich, buschig und stark verzweigt	goldgelbe, anfangs rosa überlaufene Triebe; langsam wachsend; vor allem Triebspitzen giftig
Hemlocktanne *Tsuga canadensis*	☼ ●	bis 20 m/ bis 5 m	malerisch mit überhängenden Ästen	Nadeln unterseits silbrig; liebt Feuchtigkeit, verträgt keinen Kalk
Igelfichte *Picea abies* 'Echiniformis'	☼	20–30 cm/ bis 50 cm	bildet dichte, igelförmige Polster	wächst pro Jahr nur wenige Millimeter; für Steingärten und Solitärpolster
Japanische Rotkiefer *Pinus densiflora* 'Umbraculifera'	☼	bis 4 m/ bis 6 m	strauchartig mit kuppelförmiger Krone	langsam wachsend, bevorzugt trockene, durchlässige Böden, sehr anspruchslos
Japanische Schirmtanne *Sciadopitys verticillata*	◑	bis 15 m/ bis 4 m	konisch oder säulenförmig	glänzende, schirmartig ausgebreitete Nadeln; kalkarme Böden; für milde Lagen
Japanische Zwergeibe *Taxus cuspidata* 'Nana'	☼ ● ☠	bis 1,2 m/ bis 3 m	ausladend, mit aufrechten Sprossen	spiralig stehende Nadeln, sehr frosthart; ganze Pflanze giftig
Japanische Zwergkiefer *Pinus pumila*	☼	bis 3 m/ bis 3 m	kugelig, breit ausladend	elegante Zwergkonifere; für Terrassen und Steingärten

Art/Sorte	Kurzinfo	Höhe/Breite	Wuchs	Besonderheiten
Morgenländischer Lebensbaum *Thuja orientalis* 'Aurea Nana'	☼ ☒	bis 60 cm/ bis 50 cm	eiförmiger Zwerg, dicht verzweigt	gelb überhauchte Triebe, im Winter bronzefarben; verträgt Trockenheit, leidet z.T. unter Frost; v. a. Triebspitzen giftig
Schwarzkiefer *Pinus nigra* 'Austriaca'	☼	bis 25 m/ bis 7 m	kegelförmig, ausladende dichte Äste	anspruchslos, aber schattenempfindlich; nur für große Gärten
Serbische Fichte *Picea omorika*	☼	bis 20 m/ bis 3 m	schmal, hoch wachsend, breite Basis	anspruchslos; für Windschutzhecken, Sorte 'Nana' nur mannshoch
Silbertanne *Abies procera* 'Glauca'	☼	3–8 m/ 0,8–2 m	aufrecht oder buschig wachsende Sorten	silbrig-blauweiße Nadeln, aufrechte walzenförmige Zapfen
Tamariskenwacholder *Juniperus sabina* 'Tamariscifolia'	☼ ● ☒	bis 1,5 m/ bis 2 m	niedrig mit ausladenden Trieben	anspruchsloser Bodendecker; ganze Pflanze stark giftig
Virginischer Wacholder *Juniperus virginiana* 'Skyrocket'	◑ ☒	bis 5 m bis 50 cm	schlanke Säulenform	graugrüne Nadeln; als Solitär im Heidegarten; ganze Pflanze stark giftig
Weihrauchzeder *Calocedrus decurrens*	☼ ◑	bis 25 m/ bis 4 m	säulenförmig	glänzendgrüne, lineale Nadeln, aromatisch duftend
Zuckerhutfichte *Picea glauca* 'Conica'	☼ ◑	bis 2,5 m/ bis 1 m	dichter, zuckerhutförmiger Wuchs	langsam wachsend; für kühle Lagen, sonst anfällig gegen Rote Spinne

Laubgehölze

Art/Sorte	Kurzinfo	Höhe/Breite	Blüte/Blütezeit	Besonderheiten
Alpenrose *Rhododendron ferrugineum*	☼	bis 1 m/ bis 80 cm	rosa, trichterförmig Juni–Juli	buschig-zwergig, mit Wildcharakter, tiefgrüne Blätter; langlebig, pflegeleicht
Berberitze *Berberis* x *stenophylla*	☼ ◑	bis 2 m/ bis 3 m	reicher gelber Flor Mai –Juni	schwarzblaue Früchte im Herbst und Winter; sehr dekorativ mit dichtem Geäst
Berglorbeer *Kalmia latifolia*	◑ ☒	bis 3 m/ bis 3 m	rosa Blütenrispen Mai–Juni	nur in sauren, feuchten Böden; nicht schneiden; frostempfindlich
Besenheide *Calluna vulgaris*	☼ ◑	bis 1 m/ bis 75 cm	rosa oder lila August–Oktober	anspruchslos, magere, kalkarme Böden; viele Sorten
Buchsbaum *Buxus sempervirens* 'Faulkner'	☼ ● ☒	bis 1 m/ bis 2 m	unscheinbar April–Mai	dicht belaubt; für Hecken und Topiary; Blätter und Früchte stark giftig
Buntblättrige Stechpalme *Ilex aquifolium* 'Variegatum'	☼ ◑ ☒	bis 3 m/ bis 1,20 m	unscheinbar Mai–Juni	weiß oder gelb gerandete Blätter; Beeren stark giftig

Laubgehölze

Art/Sorte	Kurzinfo	Höhe/ Breite	Blüte/ Blütezeit	Besonderheiten
Feuerdorn *Pyracantha coccinea*		bis 3 m/ bis 1,5 m	weiß Mai–Juni	für warme Lagen; schnittverträglich; bis in den Winter gelber Fruchtschmuck
Großblütige Magnolie *Magnolia grandiflora*		bis 15 m/ bis 10 m	cremeweiß Juni–August	nur in milden Gegenden oder bei günstigem Mikroklima; exzellenter Solitär
Immergrüner Liguster *Ligustrum vulgare* 'Atrovirens'		bis 3 m/ bis 2,5 m	weiß, in Rispen Juni–Juli	Heckenpflanze, für Topiary geeignet; robust, winterfest; ganze Pflanze giftig
Immergrüner Schneeball *Viburnum x burkwoodii*		bis 2 m/ bis 2 m	weiß-rosa, duftend März–April	feuchte, nährstoffreiche Böden; oft halbimmergrün; Früchte giftig
Japanischer Buchsbaum *Buxus microphylla* var. *japonica*		bis 1 m/ bis 1,2 m	unscheinbar April–Mai	dichtwüchsig, gelbgrüner Neuaustrieb, Laub hellgrün; frosthart; Blätter und Früchte stark giftig
Japanische Mahonie *Mahonia japonica*		bis 2 m/ bis 2,5 m	zitronengelb, duftend Januar–März	gezähntes, glänzendes Laub; als Solitär; Winterschutz nötig
Lavendelheide *Pieris japonica*		bis 3 m/ bis 2 m	üppige weiße Rispen April–Mai	dekorativ glänzende Blätter; feuchte humose Böden; ganze Pflanze giftig
Lederschneeball *Viburnum rhytidophyllum*		bis 4 m/ bis 3 m	weiß, duftend Mai–Juni	lange, derb-runzlige Blätter, im Winter hängend; Früchte giftig
Mahonie *Mahonia aquifolium*		bis 1 m/ bis 1,5 m	dottergelbe Blüten, April–Mai	reich blühend und fruchtend, Herbstlaub bronzefarben; universal nutzbar
Ölweide *Elaeagnus pungens* 'Maculata'		bis 3 m/ bis 2,5 m	silbrig-weiß Oktober–November	gelb gezeichnete Blätter, rote Früchte essbar; nährstoffreiche Böden, kein Kalk
Rhododendron *Rhododendron x praecox*		bis 1,5 m/ bis 1,5 m	rosa-purpurfarben März–April	Blüte oft schon im Februar; in humosem Boden; hübsch mit Zwiebelblumen
Skimmie *Skimmia japonica*		bis 1,2 m/ bis 50 cm	rosa oder gelb, duftend, Mai	für feuchte Humusböden; zum Fruchten männl. und weibl. Pflanze nötig
Spindelstrauch *Euonymus fortunei* 'Colorata'		bis 3 m bis 2 m	weiß oder grünlich Mai–Juni	Laub färbt sich im Herbst und Winter bronze- oder purpurfarben
Warzige Berberitze *Berberis verruculosa*		bis 1 m/ bis 1 m	goldgelb Mai–Juni	blau bereifte Früchte, scharfe Dornen; als Strauch oder Hecke
Zwergmispel *Cotoneaster lacteus*		bis 1,8 m/ bis 1 m	klein, cremeweiß Mai–Juli	Fruchtschmuck; anspruchslos, auch als Hecke; in kalten Lagen Winterschutz
Zwergstechpalme *Ilex crenata*		bis 2 m/ bis 1,8 m	weiß bis grünlich Mai–Juni	dicke schwarze Früchte, Sorten mit Laubvarianten; Beeren stark giftig

Kletterer und Bodendecker

Art/Sorte	Kurzinfo	Höhe/Breite	Blüte/Blütezeit	Besonderheiten
Andenpolster *Azorella trifurcata*	☼	bis 10 cm/ bis 20 cm	grüngelbe Sterne Juni–Juli	bildet dichte Polster; nur in wasser-durchlässigen Böden
Blauer Kriechwacholder *Juniperus horizontalis* 'Glauca'	☼	bis 30 cm/ bis 2 m	–	niederliegend, mit langen Ästen, bildet dichte Matten, blaue Nadeln
Efeu *Hedera helix* 'Goldherz'	☼ ● ◐	bis 8 m/ bis 5 m	winzig, duftend September–Oktober	grüne Blätter mit goldenem Fleck in der Mitte; Blätter und Beeren giftig
Großes Immergrün *Vinca major*	☼ ● ◐	bis 50 cm/ bis 1,5 m	blaue Kelche März–Juni	klettert oder kriecht; bedingt frosthart; ganze Pflanze giftig
Kissen-Berberitze *Berberis candidula*	☼ ◑	bis 80 cm bis 1 m	goldgelbe Einzel-blüten; Mai	oben glänzende, unterseits weiße, spitze Blättchen, blaue Früchte, dicht verzweigt
Kriechende Mahonie *Mahonia repens*	☼ ●	bis 30 cm bis 1 m	goldgelb April–Mai	Bodendecker, ideal für Halbschatten; mitunter frostgefährdet
Niederliegende Zwergmispel *Cotoneaster congestus*	☼ ◑	bis 50 cm bis 1 m	groß, hellrosa Mai–Juni	stumpfgrüne, unterseits weiße Blätter, im Winter rötlich gefärbt; geringer Fruchtschmuck; sehr anspruchslos
Rosmarin-Seidelbast *Daphne cneorum*	☼ ● ◐	bis 30 cm/ bis 1,5 m	rosa, in Büscheln Mai–Juni	feucht-humoser Boden; einige Sorten frostempfindlich; ganze Pflanze stark giftig
Scheinbeere *Gaultheria procumbens*	☼ ◑	bis 20 cm/ bis 1 m	blassrosa Jul –Aug.	kriechend, elliptische Blätter; saure bis neutrale, feuchte Böden
Schneeheide *Erica carnea*	☼ ◑	bis 30 cm/ bis 75 cm	weiß bis violett Februar–April	anspruchslos und kalkverträglich; viele Sorten
Sibirischer Zwerg-lebensbaum *Microbiota decussata*	☼	bis 50 cm bis 2,5 m	–	kleine, kuglige gelbbraune Beerenzapfen, niederliegend, weit ausladende Zweige, im Winter bronzefarben, sehr winterhart
Tafel- oder Kriecheibe *Taxus baccata* 'Repandens'	☼ ● ◐	40–50 cm/ 2–5 m	–	gut für Unterwuchs geeignet, niederlie-gend, ausladend; ganze Pflanze giftig
Teppich-Zwergmispel *Cotoneaster dammeri*	☼ ◑	bis 25 cm/ bis 2 m	weiß bis hellrosa Mai–Juni	kriechend mit wurzelnden Zweigen, scharlachrote Früchte; anspruchslos; viele Sorten
Winterjasmin *Jasminum nudiflorum*	☼ ◑	bis 2,5 m/ bis 5 m	gelbe Sterne Dezember–März	wintergrün, schmale Blättchen, saftig grüne Zweige im Winter, klimmt an Kletterhilfen; Wärme liebend
Zwerglorbeerrose *Kalmia angustifolia* 'Rubra'	☼ ◐	bis 60 cm/ bis 1,5 m	purpurne Büschel Juni–Juli	idealer Begleiter von Zwergrhododendren in Heidegärten; Blätter giftig

Stauden, Farne, Gräser und Kräuter

Art/Sorte	Kurzinfo	Höhe/ Breite	Blüte/ Blütezeit	Besonderheiten
Binse *Juncus articulatus*		bis 80 cm/ bis 60 cm	gelb oder braun Juli–Oktober	grüne Sprossen; feuchte, saure Böden; als ziergrasartige Gruppe
Echter Lavendel *Lavandula angustifolia*		bis 80 cm/ bis 1 m	violette Ähren Juni–Juli	buschig, graugrün; für Beetumrandun- gen, Stein- und Kräutergärten; viele Arten
Federgras *Stipa gigantea*		bis 2,5 m/ bis 1,2 m	silbrige Rispen Juni–Juli	lineale Blätter in dichten Horsten; in kühlen Lagen halbimmergrün
Fetthenne *Sedum spurium*		bis 20 cm/ bis 50 cm	gelbe Sterne Juni–August	bildet dichte Matten, auch auf Mauern; viele Sorten
Gelbgrüner Bambus *Phyllostachys aureosulcata*		bis 5 m/ bis 3 m	–	gelbe Halme mit grüner Längszeichnung; als Solitär (Rhizomsperre!)
Hauswurz *Sempervivum montanum*		bis 10 cm/ bis 30 cm	purpurrot Juli–August	fleischige Blattrosetten, auch auf Mauern; in kalten Lagen Winterschutz
Hirschzungenfarn *Asplenium scolopendrium*		bis 60 cm/ bis 50 cm	–	dekorative hellgrüne Blätter; kalkfreier, feucht-humoser Boden
Palmlilie *Yucca flaccida*		bis 50 cm/ bis 1,2 m	weiße Rispen Juli–August	frosthärteste Palmlilie mit meterhoher Blütenrispe
Salbei *Salvia officinalis*		bis 50 cm/ bis 30 cm	blaue Blütenähren Juni–Juli	aromatisches Kraut; bei tiefem Frost frieren Blätter ab; viele Arten und Sorten
Schildfarn *Polystichum setiferum*		bis 1,2 m/ bis 90 cm	–	filigrane Wedel; humusreiche, auch neutrale trockene Böden
Schleifenblume *Iberis sempervirens*		bis 30 cm bis 40 cm	dichter, weißer Flor Mai–Juni	dichte Polster; für Steingärten, Trocken- mauern, Beetränder
Schneemarbel *Luzula nivea*		bis 60 cm/ bis 40 cm	unscheinbar weiß Juli–August	breitet sich büschelig aus; für nasse, schattige Ecken
Schopflavendel *Lavandula stoechas*		bis 60 cm/ bis 60 cm	purpurfarbene Ähren Juli–September	eine der frostverträglichsten Lavendel- arten; für trockene Böden
Schwarzer Bambus *Phyllostachys nigra*		bis 6 m/ bis 3 m	–	schwarze Halme, färben erst nach zwei Jahren aus; sehr frosthart
Waldsegge *Carex sylvatica*		bis 50 cm bis 70 cm	überhängende Ähren Mai–Juni	gedeiht auch im kühlen Schatten von größeren Nadelgehölzen
Weißgerändeter Bambus *Sasa veitchii*		bis 1,5 m/ bis 50 cm	–	stark verzweigte Halme, attraktives weißrandiges Laub (Rhizomsperre!)
Zwergbambus *Pleioblastus pygmaeus* var. *distichus*		bis 50 cm/ bis 30 cm	–	dichtes, grünes Laub, als Bodendecker, Beetrand- oder Kübelpflanze; mitunter Frostschäden

Nicht winterharte Kübelpflanzen

Art/Sorte	Kurzinfo	Höhe/ Breite	Blüte/ Blütezeit	Besonderheiten
Aukube Aucuba japonica-Sorten		bis 2,5 m/ bis 2 m	unscheinbar purpurfarben; März–April	große, oft gelb gesprenkelte Blätter; ganze Pflanze giftig
Bleiwurz/Blaue Geranie Plumbago auriculata		bis 1,5 m/ bis 80 cm	blau Juli–August	filigran buschig, reich blühend, Beerenschmuck; viel gießen; Windschutz!
Dattelpalme Phoenix canariensis		bis 3 m bis 2 m	in Kübelkultur keine	bei Hitze täglich mit Schlauch abspritzen; Winterquartier hell, luftig, ca. 15 °C
Hanfpalme Trachycarpus fortunei		bis 3 m/ bis 2 m	in Kübelkultur keine	sehr anspruchslos, überwintert auch im Wohnzimmer
Hammerstrauch Cestrum elegans		bis 3 m/ bis 3 m	rosa- bis karminrot April–September	blüht bei heller Überwinterung schon im Frühling; Blätter und Früchte giftig
Kamelie Camellia japonica		Bis 2,5 m/ bis 1,5 m	weiß, rosa bis purpur Januar–April	frostharte Sorten gedeihen in milden Lagen auch im Garten
Klebsame Pittosporum tobira		bis 3 m/ bis 1,5 m	cremeweiß, duftend März–April	große Arten- und Sortenvielfalt; vor kaltem Wind schützen
Laurustinus-Schneeball Viburnum tinus		bis 2,5 m/ bis 2,5 m	cremeweiß, duftend März–Juli	schöner, schwarzer Beerenschmuck
Lorbeer Laurus nobilis		bis 2 m/ bis 1 m	in Kübelkultur keine	Beschneidung fördert dichte Krone; Küchenwürze
Myrte Myrtus communis		bis 1,5 m/ bis 80 cm	weiß, Laub duftend Juni–September	verträgt keinen Kalk; hell und luftig bei 5–20 °C überwintern
Oleander Nerium oleander		bis 2 m/ bis 60 cm	viele Farbsorten Juni–Oktober	wärmebedürftig, Blütenfülle je nach Klima; ganze Pflanze stark giftig
Olivenbaum Olea europaea		bis 3 m/ bis 80 cm	klein, weiß Juli–August	verträgt Frost bis -10 °C, im Sommer aber sehr wärmebedürftig
Orangenbaum Citrus sinensis		bis 2 m bis 1 m	weiß, duftend ganzjährig	nur veredelte Pflanzen kaufen; auch im Winter bei 5–20 °C nie austrocknen lassen
Rosmarin Rosmarinus officinalis		80–120 cm/ 30–80 cm	winzig, zahlreich, blau Februar–Mai	Blütezeit je nach Winterquartier, verträgt auch Frost; Küchengewürz
Wollmispel Eriobotrya japonica		bis 3 m/ bis 1,5 m	unscheinbar September–Oktober	ausladend, breite lanzettliche, gezähnte Blätter, Fruchtbesatz im Kübel selten
Zierbanane Ensete-Sorten		1,5–3 m 2–2,5 m	im Kübel meist keine	Fäulnisgefahr in zu dunklen, feuchten Winterquartieren
Zitrone Citrus limon		bis 2 m bis 2 m	weiß, duftend ganzjährig	ausladender Wuchs, entwickelt gleichzeitig Blüten und Früchte

Arbeitskalender

Januar – April: Immergrüne Frühsaison

JANUAR

➤ **Planen:** Studieren Sie Pflanzenkataloge und achten Sie auf die Standort-Ansprüche der ausgewählten Arten und Sorten: Passen sie zum Boden in Ihrem Garten?

➤ **Pflegen:** Wässern Sie bei längerer Trockenheit und viel Sonne an frostfreien Tagen Ihre Immergrünen. Pflanzen mit Winterschutz durch Aufdecken regelmäßig lüften, damit sie nicht welken oder faulen.

FEBRUAR

➤ **Planen:** Besuchen Sie botanische Gärten, Baumschulen und Parks. Dort entdecken Sie auch im Winter Pflanzen, die vielleicht für Ihren Garten geeignet sind. Immergrüne fallen Ihnen sofort ins Auge.

➤ **Pflegen:** Falls nicht schon im Herbst geschehen, sollten Sie jetzt Ihre Pflanzen mit Kompost versorgen. Immergrüne immer mal wieder wässern.

Mai – August: Immergrüner Sommerauftritt

MAI

➤ **Pflanzen:** Das Staudenangebot ist jetzt am schönsten: robuste Arten und Sorten wählen.

➤ **Pflegen:** Auch empfindliche Kübelpflanzen sollen nun ins Freie. Düngen Sie Immergrüne, aber mit Maß. Blütengehölze, die kränkeln, von welkem Flor befreien, sonst verausgaben sie sich beim Fruchtansatz.

➤ **Schneiden:** Heckenschnitt (bei Formhecken bis Juni, wenn nur eine Korrektur erfolgen soll). Die Zeit für Grünstecklinge beginnt.

JUNI

➤ **Pflanzen:** Breitet sich Ihr alter Bambus zu sehr aus, teilen Sie die Rhizome und pflanzen sie aus. Rhizomsperren nicht vergessen und auf neue Sprosse im Boden Acht geben.

➤ **Pflegen:** Mulchen hilft auch im Sommer gegen das Austrocknen des Bodens, bei Hitze durstige Pflanzen regelmäßig gießen.

➤ **Schneiden:** Buchshecken, die nur einmal im Jahr geformt werden sollen, vertragen jetzt einen kräftigen Rückschnitt.

September – Dezember: Start in den Winter

SEPTEMBER

➤ **Pflanzen:** Auch jetzt können Sie noch immergrüne Gehölze pflanzen. Für aufwendige Hecken ist es die beste Zeit.

➤ **Pflegen:** Beginnen Sie jetzt schon, vor allem bei Trockenheit, mit der Wässerung Ihrer immergrünen Gehölze. Auch Stauden und Gräser sollten nicht austrocknen.

➤ **Schneiden:** Bis Mitte des Monats kann noch der Herbstschnitt von Hecken erfolgen.

OKTOBER

➤ **Pflanzen:** Letzter Termin zum Pflanzen von Immergrünen. Gut mit Kompost versorgen, gießen und mulchen.

➤ **Pflegen:** Die ausgiebige Herbstwässerung sollte jetzt erfolgen. Fallendes Laub aufrechen und um die Pflanzen verteilen. Dies schützt die Wurzeln vor dem Austrocknen.

➤ **Schneiden:** Nichts mehr schneiden, um Frostschäden an Gehölzen zu vermeiden.

MÄRZ

➤ **Pflanzen:** Kirschlorbeer wird wie Laub abwerfendes Gehölz im Frühjahr gepflanzt. Bei anderen Immergrünen bis zum Spätsommer warten.

➤ **Pflegen:** Spätestens beim Austrieb der Pflanzen den Winterschutz entfernen. Die Verpackung bei Spätfrost nur noch kurz anlegen.

➤ **Schneiden:** Bei milder Witterung kann nach Monatsmitte der Frühjahrsschnitt von Formhecken beginnen. Bei frostgeschädigten Pflanzen entfernt man tote Äste.

APRIL

➤ **Pflanzen:** Jetzt ist die beste Pflanzzeit für Stauden und Laub abwerfende Sträucher, auch für Bambus (bis Anfang Juni).

➤ **Pflegen:** Geben Sie Ihren Immergrünen einen Langzeitdünger. Auch Kübelpflanzen sollten Sie jetzt düngen und umtopfen.

➤ **Schneiden:** Es ist Zeit für den Auslichtungs- und Erziehungsschnitt bei Gehölzen sowie den Formschnitt von Hecken. Bei Bambus entfernt man jetzt alte Halme mit der Säge.

JULI

➤ **Planen:** Planen Sie jetzt den Kauf Ihrer Immergrünen und lassen Sie sich in Baumschulen beraten.

➤ **Pflegen:** Auch Immergrüne sind vor Schädlingen nicht gefeit: Untersuchen Sie Gehölze, Stauden, Gräser und Kübelpflanzen auf Schädlinge und Krankheiten. Wenn Sie schnell reagieren und befallene Stellen gleich abschneiden, ist der Schaden rasch zu stoppen.

AUGUST

➤ **Planen:** Jetzt ist Zeit zum Kauf von Immergrünen. Achten Sie auf Qualität. Den Boden können Sie schon Anfang August vorbereiten.

➤ **Pflanzen:** Gegen Monatsende beginnt die beste Pflanzzeit. Wählen Sie Tage mit bedecktem Himmel. Bei blühenden Pflanzen den Flor erst verwelken lassen.

➤ **Pflegen:** Ende August die Düngung all Ihrer Pflanzen einstellen.

➤ **Schneiden:** Spätsommer ist Stecklingszeit.

NOVEMBER

➤ **Planen:** Gibt es noch »Lücken« in Ihrem Garten? Denken Sie bei der Planung auch daran, wo Sie Ihre Stecklinge auspflanzen können.

➤ **Pflegen:** Mulchen Sie Ihre Immergrünen, um sie vor den ersten Frösten zu schützen. Bei empfindlichen Arten Wurzelbereich und Stammansatz mit Stroh locker einhüllen, so dass die Pflanzen noch Luft bekommen.

DEZEMBER

➤ **Planen:** War Ihnen die Gartenarbeit zu viel? Erinnern Sie sich im nächsten Jahr daran, wenn Sie wieder die Kauflust überkommt.

➤ **Pflegen:** Bei Minusgraden den Winterschutz anbringen, aber immer wieder lüften. An frostfreien Tagen Immergrüne wässern

➤ **Schneiden:** Stibitzen Sie Ihren Immergrünen ein paar Zweige für den Adventskranz.

Die **halbfett** gesetzten Seiten-
zahlen verweisen auf Abbil-
dungen. Die in der **Tabelle**
aufgeführten Pflanzen sind
nicht im Register verzeichnet.

Literatur

Bärtels, Andreas: Gehölze pflanzen und pflegen. Ulmer Verlag, Stuttgart

Hensel, Wolfgang: Einkaufsführer Gartenpflanzen. Gräfe und Unzer Verlag, München

Simon, Herta: Gärten gestalten. Gräfe und Unzer Verlag, München

Zeitschriften

Flora, GRUNER + JAHR, Hamburg

Kraut & Rüben, DLV GmbH, München

Mein schöner Garten, Burda Senator Verlag GmbH, Offenburg

Adressen

Bund deutscher Baumschulen
e. V., Bismarckstraße 49,
25421 Pinneberg,
Tel. (04101) 20590
www.bund-deutscher-baum-schulen.de
(Pflanzenangebote und Adressen einzelner Baumschulen)

Bambus Centrum Deutschland,
Saarstraße 3–5, 76532 Baden-Baden, Tel. (07221) 50740
www.bambus.de

Bremer Rhododendron-Park/
Deutsche Rhododendron-Gesellschaft, Marcusallee 60, 28359
Bremen, Tel. (0421) 3613025
www.stadtgruen-bremen.de

Internet

www.botanikus.de
(Botanische Datenbank, etwa
10.000 Arten, auch Giftpflanzen)

www.botanikwelt.de
(Pflanzenlexikon, Enzyklopädie
Händler-Liste und Links)

Wichtige Hinweise

➤ Bewahren Sie Dünge- und Pflanzenschutzmittel für Kinder und Haustiere unerreichbar auf.
➤ Wenn Sie sich bei der Arbeit verletzen, sollten Sie umgehend einen Arzt aufsuchen. Eventuell ist eine Impfung gegen Tetanus erforderlich.

Giftnotruf/Giftberatung

Mainz:
Beratungsstelle bei Vergiftungen (Giftinfo Mainz)
Klinische Toxikologie der Med. Klinik/Univ. Mainz, Langenbeck-str. 1, Tel. (06131) 192 40
www.giftinfo.uni-mainz.de
München:
Giftnotruf der Toxikologischen Abt. der Med. Klinik/TU München, Ismaninger Str. 22, Tel. (089) 192 40,
www.toxinfo.org

Bildnachweis

Bärtels: 26 li., 42 li., 45 li., 45 mi., U 4 re.; Bornemann: 14; Borstell: 2/3, 3, 4/5, 6 li., 7, 10, 20, 26 re., 27, 30, 31, 37, 40/41, 42 re., 43 mi., 47 re., 51 re. u., U4 li.; Caspersen: 15, 21, 64; Henseler: 36; Klimt: 13 u.; Laux: 6 re.; Nickig: 8, 9, 19 li., 19 re., 23, 24, 25, 38, 43 re., 45 re., 46 re., 47 li., 47 mi., 48 li., 51 re. o.; Pforr: 50 li.; Redeleit: U 1, 11, 16, 32, 43 li., 49 li.; Reinhard: 17, 28, 39, 44 re., 49 mi., 49 re, 50 re., 51 li. o., 51 li. mi., 51 li. u.; Rogers: 46 li.; v. Salomon: 33, 34, 35; U4 mi.; Schneider/Will: 22; Strauß: U2/1, 18, 48 re.; Strauß/GBA: 29, 44 li.; Willner: 13 o., 13 mi. li.
Fotos auf Umschlag und im Innenteil: Umschlagvorderseite: Immergrüner Garten; Umschlag innen/S. 1: Beetumrandung aus geschnittenem Buchs; S. 4/5: *Taxus baccata* und Gehölze; S.40/41: Hecke mit geschnittener Kugel; S. 64: Efeu in Beeteinfassung; Umschlagrückseite: Mahonie (li.), Buchssteckling (mi.), Lederschneeball (re.).

Die Autorin

Beate Taudte-Repp schreibt für Zeitungen und Zeitschriften in Deutschland über Gärten, Flora und Fauna, Natur und Kultur. Nach jahrelanger Tätigkeit als Redakteurin lebt sie seit 1999 in Südfrankreich als freie Journalistin.

Impressum

© 2002 Gräfe und Unzer Verlag GmbH, München
Alle Rechte vorbehalten. Nachdruck, auch auszugsweise, sowie Verbreitung durch Film, Funk, Fernsehen und Internet, durch fotomechanische Wiedergabe, Tonträger und Datenverarbeitungssysteme jeder Art nur mit schriftlicher Genehmigung des Verlags.

Redaktionsleitung: Anne Hahnenstein
Lektorat: Barbara Kiesewetter
Layout: independent Medien-Design, München
Produktion: Ute Hausleiter
Satz: Uhl + Massopust, Aalen
Reproduktion: Longo, Bozen
Druck und Bindung: Kaufmann, Lahr
Printed in Germany

ISBN 3-7742-5441-9

Auflage	4	3	2	1
Jahr	2005	2004	2003	2002

GRÄFE UND UNZER

Ein Unternehmen der
GANSKE VERLAGSGRUPPE

Das Original mit Garantie

Ihre Meinung ist uns wichtig. Deshalb möchten wir Ihre Kritik, gerne aber auch Ihr Lob erfahren. Um als führender Ratgeberverlag für Sie noch besser zu werden. Darum: Schreiben Sie uns! Wir freuen uns auf Ihre Post und wünschen Ihnen viel Spaß mit Ihrem GU-Ratgeber.

Unsere Garantie: Sollte ein GU-Ratgeber einmal einen Fehler enthalten, schicken Sie uns das Buch mit einem kleinen Hinweis und der Quittung innerhalb von sechs Monaten nach dem Kauf zurück. Wir tauschen Ihnen den GU-Ratgeber gegen einen anderen zum gleichen oder ähnlichen Thema um.

Ihr Gräfe und Unzer Verlag
Redaktion Garten
Postfach 86 03 25
81630 München
Fax 0 89/4 19 81-1 13
e-mail:
leserservice@
graefe-und-unzer.de

GU PFLANZENRATGEBER

Wenig tun, viel genießen.

ISBN 3-7742-3621-6
64 Seiten
7,90 € [D]

ISBN 3-7742-3624-0
64 Seiten
7,90 € [D]

ISBN 3-7742-3643-7
64 Seiten
7,90 € [D]

ISBN 3-7742-3619-4
64 Seiten
7,90 € [D]

ISBN 3-7742-5444-3
64 Seiten
7,90 € [D]

*Gärtnern schnell und einfach? Gar
kein Problem! Das 5-Stufen-Erfolgs-
programm zeigt Ihnen, wie's geht.*

WEITERE TITEL ZUM THEMA GARTEN:

➤ Das große GU Gartenbuch

➤ Gärten gestalten

➤ Gartenspaß für Einsteiger

➤ Gartenjahr für Einsteiger

Gutgemacht. Gutgelaunt.

1 FACHKUNDIGER RAT

Studieren Sie in Ruhe das Pflanzenangebot in Katalogen, Baumschulen und Gärtnereien. Und kaufen Sie Ihre Immergrünen nur dort, wo man Sie genau über den nötigen Standort informiert. Wenn Sie über **Ansprüche, Wuchs** und **Frosthärte** Ihrer Pflanzen Bescheid wissen, verhindern Sie Fehler in der Pflege.

So haben Sie Freude an Ihren Immergrünen

4 DAS WACHSTUM EINPLANEN

Informieren Sie sich vor dem Kauf über die künftige **Größe** und **Breite** von Gehölzen. Aus Zwergen werden in wenigen Jahren oft Riesen, die andere Pflanzen beschatten oder gar deren Wachstum unterdrücken. Gerade in kleinen Gärten können Sie derlei Überraschungen durch genaue Kenntnis der Pflanze vermeiden.

7 WASSER IM WINTER

Da immergrüne Pflanzen auch im Winter Wasser verdunsten, dürfen ihre Wurzeln niemals austrocknen. Vor Frostbeginn sind sie im Herbst nochmals ausgiebig zu **wässern**. Bei Trockenheit und viel Sonne frostfreie Tage zum Gießen nutzen.

8 DIE BESTE PFLANZZEIT

Auch wenn Pflanzen in Plastikcontainern das ganze Jahr über in den Garten gesetzt werden dürfen: Nadel- und immergrüne Laubgehölze bevorzugen eine Pflanzung im **Spätsommer**, um vor dem Frost gut einzuwachsen. Kirschlorbeer und Stauden pflanzt man im Frühjahr.